工业

文化百科

印纺工业龙头

李玉梅 编著 胡元斌 丛书主编

汕头大学出版社

图书在版编目（CIP）数据

工业：印纺工业龙头 / 李玉梅编著. -- 汕头：汕
头大学出版社，2015.2（2020.1重印）
（中国文化百科 / 胡元斌主编）
ISBN 978-7-5658-1583-6

Ⅰ. ①工… Ⅱ. ①李… Ⅲ. ①工业史－中国 Ⅳ.
①F429

中国版本图书馆CIP数据核字(2015)第020891号

工业：印纺工业龙头　　　GONGYE: YINFANG GONGYE LONGTOU

编　　著：李玉梅
丛书主编：胡元斌
责任编辑：汪艳蕾
封面设计：大华文苑
责任技编：黄东生
出版发行：汕头大学出版社
　　　　　广东省汕头市大学路243号汕头大学校园内　邮政编码：515063
电　话：0754-82904613
印　刷：三河市燕春印务有限公司
开　本：700mm×1000mm 1/16
印　张：7
字　数：50千字
版　次：2015年2月第1版
印　次：2020年1月第2次印刷
定　价：29.80元
ISBN 978-7-5658-1583-6

前言

中华文化也叫华夏文化、华夏文明，是中国各民族文化的总称，是中华文明在发展过程中汇集而成的一种反映民族特质和风貌的民族文化，是中华民族历史上各种物态文化、精神文化、行为文化等方面的总体表现。

中华文化是居住在中国地域内的中华民族及其祖先所创造的、为中华民族世世代代所继承发展的、具有鲜明民族特色而内涵博大精深的传统优良文化，历史十分悠久，流传非常广泛，在世界上拥有巨大的影响。

中华文化源远流长，最直接的源头是黄河文化与长江文化，这两大文化浪涛经过千百年冲刷洗礼和不断交流、融合以及沉淀，最终形成了求同存异、兼收并蓄的中华文化。千百年来，中华文化薪火相传，一脉相承，是世界上唯一五千年绵延不绝从没中断的古老文化，并始终充满了生机与活力，这充分展现了中华文化顽强的生命力。

中华文化的顽强生命力，已经深深熔铸到我们的创造力和凝聚力中，是我们民族的基因。中华民族的精神，也已深深植根于绵延数千年的优秀文化传统之中，是我们的精神家园。总之，中国文化博大精深，是中华各族人民五千年来创造、传承下来的物质文明和精神文明的总和，其内容包罗万象，浩若星汉，具有很强文化纵深，蕴含丰富宝藏。

中华文化主要包括文明悠久的历史形态、持续发展的古代经济、特色鲜明的书法绘画、美轮美奂的古典工艺、异彩纷呈的文学艺术、欢乐祥和的歌舞娱乐、独具特色的语言文字、匠心独运的国宝器物、辉煌灿烂的科技发明、得天独厚的壮丽河山，等等，充分显示了中华民族厚重的文化底蕴和强大的民族凝聚力，风华独具，自成一体，规模宏大，底蕴悠远，具有永恒的生命力和传世价值。

在新的世纪，我们要实现中华民族的复兴，首先就要继承和发展五千年来优秀的、光明的、先进的、科学的、文明的和令人自豪的文化遗产，融合古今中外一切文化精华，构建具有中国特色的现代民族文化，向世界和未来展示中华民族的文化力量、文化价值、文化形态与文化风采，实现我们伟大的"中国梦"。

习近平总书记说："中华文化源远流长，积淀着中华民族最深层的精神追求，代表着中华民族独特的精神标识，为中华民族生生不息、发展壮大提供了丰厚滋养。中华传统美德是中华文化精髓，蕴含着丰富的思想道德资源。不忘本来才能开辟未来，善于继承才能更好创新。对历史文化特别是先人传承下来的价值理念和道德规范，要坚持古为今用、推陈出新，有鉴别地加以对待，有扬弃地予以继承，努力用中华民族创造的一切精神财富来以文化人、以文育人。"

为此，在有关部门和专家指导下，我们收集整理了大量古今资料和最新研究成果，特别编撰了本套《中国文化百科》。本套书包括了中国文化的各个方面，充分显示了中华民族厚重文化底蕴和强大民族凝聚力，具有极强的系统性、广博性和规模性。

本套作品根据中华文化形态的结构模式，共分为10套，每套冠以具有丰富内涵的套书名。再以归类细分的形式或约定俗成的说法，每套分为10册，每册冠以别具深意的主标题书名和明确直观的副标题书名。每套自成体系，每册相互补充，横向开拓，纵向深入，全景式反映了整个中华文化的博大规模，凝聚性体现了整个中华文化的厚重精深，可以说是全面展现中华文化的大博览。因此，非常适合广大读者阅读和珍藏，也非常适合各级图书馆装备和陈列。

目 录

上古时期

　　上古时期一般指夏、商、周三代，直至秦王朝的建立，因此这一时期又叫先秦时期。这一时期，我国的纺织、印染技术均取得了较大进步，它是我国古代纺织史的重要组成部分。

　　先秦时期的印染与纺织工艺，是我国纺织业的滥觞期。我国古代劳动人民在生产、生活实践中不断探索，逐步发现了用于印染和纺织的材料，创造性地开发和利用这些材料，掌握了印染工艺技术和染色工艺技术。对我国古代纺织的发展产生了重大的影响。

先秦印染原料与印染技术

　　我国古代用于给织物着色的材料概括起来有天然矿物颜料和植物染料两大类。矿物颜料即是无机颜料，是无机物的一类，属于无机性质的有色颜料。植物染料是指利用自然界之花、草、树木、茎、叶、果实、种子、皮、根提取色素作为染料。

　　我国很早就利用矿物颜料和植物染料对纺织物或纱线进行染色，并且在长期的生产实践活动中，总结掌握了各类染料的制取、染色等工艺技术，生产出五彩缤纷的纺织品，丰富了古人的物质生活。

我国在服装上着色的历史就是从矿物颜料的利用开始的，其渊源可追溯至新石器时代的晚期。而自此以后的各个时期，由于它们不断地被人们所采用，终于发展成历代以彩绘为特点的特殊衣着上色所需的原材料。

　　先秦时期矿物颜料的品种主要有赭石、朱砂、石黄、空青、铅白等，分属红、黄、绿、蓝色系。

　　赭石主要成分是呈暗红色的三氧化二铁，在自然界中分布较广，是我国古代应用最早的一种红色矿物颜料。

　　1963年，在发掘江苏省邳县四户镇大墩子4000多年前的文化遗址时，出土了4块赭石，其上有明显的研磨痕迹，说明当时我国已开始利用矿物颜料了。

　　至春秋战国时期，赭石由于色泽逊于其他红色染料，便逐渐被淘汰了，但仍被用来做监狱囚衣的专用颜料。后来"赭衣"成为囚犯的同义词。

朱砂又名丹砂，主要成分是红色硫化汞，属辉闪矿类，在湖南、湖北、贵州、云南、四川等地都有出产，是古代重要的矿物颜料。

我国利用朱砂的历史很早，在青海乐都柳湾原始社会时期墓葬中曾发现大量朱砂，在北京琉璃河西周早期墓葬、宝鸡茹家庄西周墓中，也都发现过有朱砂涂抹痕迹的织物残片。

朱砂的色泽比赭石鲜艳，色牢度又好。在制作朱砂的过程中，会出现多种红色，上层发黄，下层发暗，中间的朱红色彩最好。

石黄分雌黄和雄黄，用于颜料的多为雄黄，化学成分为三硫化二砷，其颜色为橙黄色，半透明，是天然的黄色染料。石黄是红光黄，色相丰满纯正，色牢度好。陕西宝鸡茹家庄出土的西周刺绣印痕上有石黄颜料的遗残。

空青作为矿石是有名的孔雀石，作为颜料又名"石绿"，是含有结晶水的碱式碳酸铜，结构疏松，研磨容易，色泽翠绿，色光稳定，耐大气作用性能好，是很重要的矿物质。

另一种碱式碳酸铜矿石是蓝铜矿，又名"石青"、"大青"、"扁青"，可作为蓝色矿物颜料。

铅白又名"胡粉"、"粉锡"，成分为碱式碳酸铅。蜃灰也是传统的白色涂料，可用于织物或其他器物的涂料。

植物染料和矿物颜料虽然都是设色的色料，但它们的作用却是很不相同的。以矿物颜料着色是通过黏合剂使之黏附于织物的表面，其本身虽具备特定的颜色，却不能和染色相比，所着之色也经不住水洗，遇水即行脱落。

植物染料则不然，在染制时，其色素分子由于化学吸附作用，能与织物纤维亲合，从而改变纤维的色彩，虽经日晒水洗，均不脱落或很少脱落，故谓之曰"染料"，而不谓之"颜料"。

利用植物染料，是我国古代染色工艺的主流。自周以来的各个时期生产和消费的植物染料数量相当大，其采集、制备和使用方法，值得称道之处也极多。

春秋战国时期，我国的草染技术已经相当成熟。从染草的品种、采集、草染染色工艺、媒染剂的使用，都形成了一套管理制度。

古代使用过的植物染料种类很多，单是文献记载的就有数十种，现在我们仅就几种比较重要的常用染料谈一谈。

蓝草，一年生草本，学名蓼蓝。它茎叶含有靛苷，这种物质经水解发酵之后，能产生靛白，当靛白经日晒、空气氧化后缩合成有染色功能的靛蓝。在古代使用过的诸种植物染料中，它是应用最早，使用最多的。

我国利用蓝草染色的历史，据记载，我国夏代已经种植蓝草了。至春秋战国时期，采用发酵法还原蓝靛，这就可以用预先制成的蓝泥染出青色来。荀况的《荀子·劝学》篇有"青取之于蓝而青于蓝"的说法。

　　蓝靛制作方法是把蓝草叶浸入水中发酵，蓝苷水解溶出，即成吲哚酚，再在空气中氧化沉淀缩合成靛蓝泥，即可贮之待用。靛蓝染布色泽浓艳，牢度好，一直流传至今。

　　茜草，又名"茹藘"和"茅搜"，是我国古代长期使用的植物染料。战国以前是野生植物。《诗经》记载："茹藘在阪"、"缟衣茹藘"，前者是说它生长在山坡上，后者是说它的染色。

　　茜草是一种多年生攀缘草本植物，春秋两季皆能收采。收采后晒干储藏，染色时可切成碎片，以热水煮用。

　　茜草属于媒染染料，所含色素的主要成分为茜素和紫素。如直接用以染制，只能染得浅黄色的植物本色，而加入媒染剂则可染得多种红色调。

出土文物证明，古代所用媒染剂大多是含有铝离子较多的明矾。这是因为明矾水解后产生的氢氧化铝和茜素反应，能生成色泽鲜艳、具有良好附着性的红色沉淀。

在长沙马王堆汉墓出土的"深红绢"和"长寿绣袍"的红色底色，经化验即是用茜素和媒染剂明矾多次浸染而成。

紫草在《尔雅》中称为"茈草"。它属于紫草科，是多年生草本植物，8月至9月茎叶枯萎时采掘，紫草根断面呈紫红色，含紫色结晶物质乙酰紫草宁，可作为紫色染料。紫草宁和茜素相似，不加媒染剂，丝毛麻纤维均不着色，加椿木灰、明矾媒染，可染得紫红色。

荩草茎叶中含黄色素，主要成分是荩草素，是黄酮类媒染染料，可直接染丝纤维，以铜盐为媒染剂可得鲜艳的绿色。

除上述植物外，古代还以狼尾草、鼠尾草、五倍子等含有鞣质的植物作为染黑的主要材料。

我国的染色技术起源很早，《诗经》中有不少记述当时人们采集染料染色，以及描绘所染织物色彩美丽的诗篇。

《小雅·采绿》的译文是：从早到晚去采蓝，采得蓝草不满裳。从早到晚去采绿，采得绿草不满掬。

《豳风·七月》的译文是：

七月里伯劳鸟儿叫得欢，八月里绩麻更要忙。染出的丝绸有黑也有黄，朱红色儿更漂亮，给那阔少爷做衣裳。

《郑风·出其东门》的译文是：东门外的少女似白云，白云也不能勾动我的心，身着白绸衣和绿佩巾的姑娘呀，只有你才使我钟情。瓮城外的少女像白茅花，白茅花再好我也不爱她。那身穿白绸衫和红裙子的姑娘呀，只有和你在一起我才快乐。

将采集的植物染料变为各种艳丽的色彩，《诗经》中描绘当时织物的颜色，真可谓五彩缤纷！

《诗经》和同时期其他文献中出现众多的色彩名称，表明我国一直延续使用了2000多年的多次浸染、套染、媒染工艺是从这个时期迅速发展普及起来的。

多次浸染法是根据织物染色的深浅要求，将织物反复多次地浸泡在同一种染液中着色。常见的为靛蓝的染色，每染一次色泽加深些。用茜草及紫草染色时，也是一样，再染一次，色泽也变化一次。

套染法的工艺原理和多次浸染法基本相同，也是多次浸染织物。只不过是浸入两种以上不同的染液中，以获得各种色彩的中间色。

如染红之后再用蓝色套染就会染成紫色，先以靛蓝染色之后再用黄色染料套染，就会得出绿色；染了黄色以后再以红色套染就会出现橙色。

《诗经》对当时染色情况描述，还说明我国远在3000多年前已获得染红、黄、蓝三色的植物染料，并能利用红、黄、蓝三原色套染出五光十色的色彩来。

《淮南子》记载：染者先青而后黑则可，先黑而后青则不可。另外当时的人们也已知道，青与黄可合为绿色，但以藤黄合靛青则为绿，即用不同的青色与黄色染料，合成的绿色也不相同。

媒染染色已成为先秦时期的植物染色中最为主要的内容。

媒染法是借助某种媒介物质使染料中的色素附着在织物上。

这是因为媒染染料的分子结构与其他各种染料不同，不能直接使用，必须经媒染剂处理后，方能在织物上沉淀出不溶性的有色沉淀。

媒染染料的这一特殊性质，不仅适用于染各种纤维，而且在利用不同的媒染剂后，同一种染料还可染出不同颜色。

比如蓝草中所含的蓝苷水解溶出，即成引哚酚，在空气中氧化缩合成靛蓝。

先秦时采用的是鲜叶发酵染色法，将蓝草叶和织物糅在一起，蓝草的叶子被揉碎，液汁就浸透织物；或者把布帛浸在蓝草叶发酵后澄清的溶液里，然后晾在空气中，使引哚酚转化为靛蓝。

可见先秦时期蓝草的染色工艺已经相当成熟，掌握了通过多次染色得到深色的工艺。

媒染染料较之其他染料的上色率、耐光性、耐酸碱性以及上色牢度要好得多，它的染色过程也比其他染法复杂。媒染剂如稍微使用不当，染出的色泽就会大大地偏离原定标准，而且难以改染。必须正确地使用，才能达到目的。

总之，先秦时期的印染原料和印染工艺，都是从染工们长期的生产实践中总结出来的知识，为我国古代印染技术的发展奠定了基础。

拓展阅读

我国的染色技术早在两三千年前就已具备了很高的水平，并且已有了专门从事染色的染匠。

据古书记载，西周武王去世后，周公遂以冢宰的身份辅佐周成王，摄政7年以后，周成王年长，周公于是归政周成王。

周公在摄政时，设置了许多国家机关来处理全国的政事，旧称"六官"，即天官、地官、春官、夏官、秋官和冬官。

在天官下设有一个叫"染人"的官职，专门负责给物品染色；在地官下设有一个叫"掌染草"的官职，专管染料的征集和加工。

先秦楚国的丝织和刺绣

我国传统的丝织工艺，在世界上独树一帜，并享有盛誉。楚国所出土的丝织品，则为我国上古丝织先进工艺的代表作。

楚国的丝织、刺绣产品，色泽鲜艳，制作精细。两周时期，楚国向朝廷进贡，其中有彩色丝绸和用丝带串着的珍珠，还要用竹筐包装。楚国颇具特色的丝织品，体现了先秦时期纺织技术的最高水平。

春秋时期，随着丝织业的逐渐兴旺发展，丝织品的用途和使用范围日益扩大。贵族大都追求华丽的丝织服饰。

楚庄王所喜爱的马身披文绣，即把刺绣的丝织品披到了马的身上。楚共王时，曾以丝带缀连甲片，称之为"组甲"，用以武装其伐吴的精锐部队。楚国生产的丝织品不仅多为楚人所享用，还卖到晋国等地。

战国时代，楚国的丝织业大盛，工艺精湛，所出土的丝织物居全国之冠。1957年，长沙左家塘楚墓出土的绢、绉纱、锦等丝织品，保存较好，色彩绚丽。

尤其重要的是，1982年发掘的江陵马山楚墓，出土丝织衣物38件，丝绸片452片，既多且精，品种齐全，色泽鲜艳，被誉为"丝绸宝库"。

楚国的丝织品名目繁多，这在屈原和宋玉的辞赋作品中，以及楚墓的遣策上多有记载。就出土实物而言，主要有绢、绨、纱、罗、锦、绦等种类。其中绢的用量最大，用途最广，衣衾、帽、绣底、帛书、帛画多使用绢。

绢、绨、纱都属于平纹丝织，虽然是一种较普通的工艺，但在勇于创新的楚人那里，却不乏独到之处。曾侯乙墓出土的5块丝麻交织物，经线为丝、麻线相间，纬线全用丝线，开我国丝麻交织物的先河。

罗是一种绞经丝织物，马山楚墓出土的罗为四经绞罗，经纬线均加强捻，网状孔近似六边形，结构复杂，质地轻薄如蝉翼，颇为珍贵。

锦和绦都属于精巧的提花织物，是一种极为华丽的丝织物，最能反映丝织技艺水平。在出土的丝织品中，锦占有重要的地位。

楚锦为平纹重经提花结构。从经线的颜色来看，有二色锦和三色锦两大类，对丝织技艺要求都很高。

　　二色锦，以两根不同颜色的经线为一组，一根作为里经，一根作为表经起花，两线虽有时相互交换，但不能满足某些图案对色彩的更多的需要。

　　左家塘楚墓出土的褐地双色方格纹锦、马山楚墓出土的小菱形纹锦以及十字菱形纹锦均属于二色锦，前两个品种与后一个品种分别使用了挂经和两色纬线显花的新技术，用以补充某些图案对色彩的更多的需要。

　　三色锦，以一根做里经，两根做表经起花，加上互相交换，能满足一些图案对色彩的较多需要。三色线的织品比较紧要、厚实，二色锦比三色锦稀疏、轻薄，两类锦各有所用，不可偏废。

　　绦是衣物装饰性的窄带织物，多为纬线提花，也有与织锦相同而经线提花的。左家塘楚墓出土的朱条暗花对凤龙纹锦、马山楚墓出土的彩条起花凤鸟几何纹锦、舞人动物纹锦等构图复杂，用工精致，都属于锦绦等精巧花纹织物的精品。

楚人还有针织绦。长沙五里牌楚墓出土的针织绦，是我国所见年代最早的针织品，表明楚人最早使用了针织工艺。

我国所见最早的一根钢针出土于湖北省荆门包山楚墓。曾为楚国兰陵县令的荀子所作的《针赋》，歌颂钢针功业甚博，其中"日夜合离，以为文章"，讲的就是使用钢针绣制花纹，即所谓"刺绣"。

手工刺绣，没有织机的约束，构图设计比较自由，使用色线不受限制，刺针走线易于变化，不是织锦胜似织锦。这种丝绣产品比彩锦更为华贵，多为上流社会的奢侈品。

这种刺绣在长沙、江陵、荆门等地的少数楚墓中有所发现，其中马山楚墓中出土刺绣物品达20余件。

楚人刺绣一般都使用锁绣针法，即用绣线组成各种链式圈套来刺绣花纹图案。这种针法一直流行至汉代。此外，还有钉线绣，即按图案的需要，用细线把粗线钉固在绣地上的一种新针法，比较少见。

江陵望山楚墓出土的石字纹锦绣，把一道道波浪形的深棕色双股绣线钉在锦面石字纹上，采用的就是钉线绣。这是我国所见最早使用钉线绣的绣品。同时，这也是难得一见的真正的"锦上添花"，楚简称之为"锦绣"。

楚人的刺绣多佳品。如马山楚墓所出的蟠龙飞凤纹绣衾面，正中是蟠龙飞凤纹绣，左右侧面各有两片舞凤逐龙纹绣，紧凑充实，色彩协调，繁富华丽。

三头凤鸟花卉纹绣袍面，凤鸟皆三头，展翅欲飞腾，花枝招展，神异怪气。龙凤虎纹绣罗单衣衣面，龙腾虎跃、凤鸟飞翔，互相盘绕，绣工精细，色彩艳丽，是一件难得的珍品。

对龙对凤纹绣衾面的花纹由8幅姿态各异的对龙对凤图案做左右对称排列，并以花草纹相连组成，简练生动、色彩典雅，针法纯熟，被誉为绣品中的上乘之作。

楚地丰富的蚕丝资源，为楚地丝织刺绣业的兴旺发达提供了充足的原料，而丝织业的发达又刺激了植桑养蚕业的发展。湖南省衡东县霞流寺春秋桑蚕纹铜樽，腹部主纹由4片桑叶组成，叶上及周围都是蚕，或在蠕动，或在食桑，形态生动，而樽口所铸众蚕则昂首相对，不食不动，大有不吐不快的意趣。

身为楚国兰陵县令的荀子则更有《蚕赋》，言简意赅，表述了蚕的习性及养蚕经验。这些都从不同角度反映或折射出东周时蚕桑业的兴旺情景。

楚地除蚕桑和丝织业外，麻、葛纺织也很普遍。一般劳动者都穿葛、麻织品所制的衣服。据《孟子》所记，楚人许行及其徒数十人为实践其农家理论，都是穿粗麻布衣、戴生绢帽的。

楚玺中有"中织室玺"、"织室之玺"，应是包括丝织、刺绣在内的官营纺织手工业的专门管理机构的印章。

楚共王初年，楚军东征，鲁国为了同楚讲和，把织工百人送给楚国。这反映了楚文化对其他文化的兼容性，有益于楚国丝织及刺绣工艺的发展和提高。

丝织手工工艺专业性很强，楚国拥有一定数量的专业人才。战国时代有"物勒工名"的习惯，也就是古代的责任追溯制。左家塘楚墓出土的一块锦的边上也墨书有"女五氏"，这些可能是能工巧匠留下的所谓"工名"。

楚国的丝织、刺绣产品不仅波及晋国等地，而且还远传阿尔泰游牧地区。比如在乌拉干河流域的巴泽雷克分别出土了彩色菱纹丝织物及凤鸟花草蔓枝纹样的绣品，与我国境内的江陵、长沙楚墓所出有关纹样图案基本一致。

这是所见内地远传游牧民族的最早的丝织、刺绣品，也是楚人同远方游牧民族文化交流的实物见证。

"楚绣"是荆楚大地的文化瑰宝，楚国的丝绸织造、刺绣的技艺，代表了我国丝织、刺绣工艺在先秦时期的高超水平。

拓展阅读

宠物一般是指为了娱乐或消除孤寂而豢养的动物，古人养的兽类宠物有狗、猫、马、羊、驴、猴、鹿、龟等。养宠物本是为了观赏娱乐，但历史上却有不少玩物丧志的例子。

楚庄王喜爱马，给马穿上锦绣衣服，养在雕梁画栋的房子里，用床给马做卧席，用枣干蜜饯喂养。

后来马得肥胖病死了，楚庄王令大臣给马治丧，依照大夫的礼仪安葬，还下令谁敢劝谏就定死罪。幸在不畏死的伶人优孟婉转说明下，楚庄王才终止了这种荒唐的做法。

中古时期

秦汉至隋唐是我国历史上的中古时期。这一时期，随着生产力的发展，纺织工艺和印染工艺都有了极大的进步，并在当时处于世界领先地位。

秦汉时期，彩绘和印花技术水平都有了很大提高，纺织机械也处于世界前列。隋代的织造技术和图案纹样均发生了重大变化。到唐代，丝织和印染工艺及刺绣都有了质的飞跃。

中古时期，我国的印纺工艺风格已初步形成，在我国手工业史中占有重要地位。

秦汉时期的纺织技术

　　随着农业的发展，秦汉时期的手工业也很快地发展。纺织技术较前代更为发展，各种纺织品的质量和数量都有很大提高。纺织品不仅数量大，而且纺织花色品种也已十分丰富多样。

　　秦汉时期的纺织机械，在当时世界上处于遥遥领先的地位。我国花本式提花机出现于东汉，又称"花楼"，它是我国古代织造技术最高成就的代表，而西方的提花机是从我国传去的，使用时间比我国晚4个世纪。

秦汉时期，纺织手工业规模都很大，谚语说道"一夫不耕或受之饥，一女不织或受之寒"。

　　当时的纺织原材料以麻、丝、毛为主，形成了独具特色的丝织工艺、麻织工艺和毛织工艺。此外，这一时期的棉花纺织技术也有一定的发展。

　　秦汉时期的丝织工艺有了新的发展。由于当时社会生产力的进一步提高，苎麻的栽培和加工技术都有了提高。

　　经过对出土文物的化验证实，当时已用石灰、草木灰等碱性物质来煮炼苎麻，进行化学脱胶。这不仅使纤维分离的更精细，可以纺更细的纱，织更薄的布，而且大大缩短了原来微生物脱胶周期，提高了生产效率，为苎麻的广泛应用创造了条件。

　　马王堆汉墓出土的纺织品中，有一部分是麻织物。其中有灰色细麻布、白色细麻布和粗麻布，质地细密柔软，白色细麻洁白如练，灰色细麻布灰浆涂布均匀，布面经过辗轧，平整而又有光泽。

麻织物的原料经鉴定是大麻和苎麻，细麻布的单纤维比较长，强度和韧性也比较好。最细的一块苎麻布，单幅总经数达 1734根至1836根，相当于 21升至23升布，是我国首次发现的如此精细的麻织物。

这些麻布的色泽和牢度，均和新细麻布一样。由此可见，当时从育种、栽培、沤麻、渍麻、脱胶、漂白、浆碾、防腐以及纺、织等技术，都已达到了相当高的水平。

秦汉时期的丝织工艺由于专业织工们在实践中不断地积累经验，改进技术，所以丝织物从纺、染、绣工艺至花纹设计，都有了空前的提高和发展。

汉代是我国丝绸的繁荣期，我国丝绸史上的很多重大事件都发生在这一时期。如提花机的重大改进，丝绸品种、丝绸纹样的丰富多样，织物上出现吉祥寓意的文字，西北"丝绸之路"的开通等。

汉时丝织在缯或帛的总称下，有纨、绮、缣、绨、缦、缪、素、练、绫、绢、縠、缟，以及锦、绣、纱、罗、缎等数十种。这说明当时织造技术达到了纯熟的境地。

特别值得重视的是汉代出现了彩锦，这是一种经线起花的彩色提花织物，不仅花纹生动，而且锦上织绣文字。马王堆西汉大墓出土的丝绸珍品，最能证实汉时丝织的繁荣历史。

马王堆汉墓出土的丝织品数量之大，品种之多，质量之高，都是过去罕见的，仅一号墓内出土的纺织品和服饰品就多达200余种，而且都色彩绚丽、工艺精湛。

包括棉袍、夹袍、单衣、单裙、袜、手套、组带、绣枕、香囊、枕巾、鞋、针衣、镜衣、夹袄、帛画等衣物饰品、起居用品和丝织品。织绣品种包括有绢类、方空纱、罗类、绮类、经锦、绒圈锦、绦、组带、金银泥印花纱、印花敷彩纱、刺绣等很多种类。

这些文物尤其反映了汉代丝织品在缲丝、织造、印染、刺绣、图案设计方面达到的高度。通过这些典型的国宝级的文物，就可窥见当时精湛的工艺水平和设计思想。

经鉴定，丝织品的丝的质量很好，丝缕均匀，丝面光洁，单丝的投影宽度和截面积同现代的家蚕丝极为相近，表明养蚕方法和缲、练蚕丝的工艺已相当进步。

"薄如蝉翼"的素纱织物，最能反映缫丝技术的先进水平。如一号汉墓出土的素纱禅衣，长1.6米，两袖通长1.91米，领口、袖头都有绢缘，而总重量只有48克，纱的细韧是可想而知的。

这样的丝，如在缫丝工艺、设备、操作各方面没有一定水平，是根本生产不出来的。

秦汉时期，毛纺织业也进入了一个较快的发展时期，出现了各种织毯工艺。

20世纪初，英国人斯坦因在新疆罗布泊地区的汉墓中，发现了西汉时期的打结植绒的地毯残片，这是迄今为止我国出土最早的植绒地毯实物，距今已有2200多年。

在当时，"丝绸之路"的开通，加速了中原与西域之间的商贸流通。西北民族已掌握了一种用纬纱起花的毛织技术，特别适用蓬松疏散的毛纱，织造各种有花纹的毛织物。

随着社会生产的发展，毛毯的编织技术也越来越精细。西北优良的毛织品和织造技术通过丝绸之路传入中原地区，逐渐在中原流行。

此外，汉代还把毛织成或擀成毡褥，铺在地上，这是地毯的开端。汉画像石砖中就反映了当时民间室内普遍使用的地毯。

秦汉时期的棉织技术有了发展。

棉花种植最早出现于古代印度河流域，据史料记载，至少在秦汉时期，棉花传入我国福建、广东、四川等地区。

棉布在我国古代称"白叠布"或"帛叠布"，原产于我国的西域、滇南和海南等边远地区，秦汉时才逐渐内传到中原。

秦汉时期的海南岛，黎族同胞就以生产"广幅布"而闻名，这就是棉布。而这一时期的齐鲁大地，是当时我国产棉的中心，当地的民间纯棉手工纺织品一枝独秀，"齐纨鲁缟"号称"冠带衣履天下"。

秦汉时期，纺织机械主要有手摇纺车、踏板织布机，在织机经过不断改造的基础上，还造出了更为先进的花本式提花机等纺织机械。

手摇纺车是由一个大绳轮和一根插置纱锭的锭子组成，绳轮和锭子分装在木架的两端，以绳带传动。手摇纺车既可加捻，又能合绞，和纺坠相比能大大提高制纱的速度和质量。

纺车自出现以来，一直都是最普及的纺纱机具，即使在近代，一些偏僻的地区仍然把它作为主要的纺纱工具。

踏板织布机，由滕经轴、怀滚、马头、综片、蹑等主要部件和一个适于操作的机台组成。由于采用了机台和蹑，操作者有了一个比较好的工作条件，可用脚踏提综，腾出手来更快地投梭引纬和打纬，从而提高了织布的速度和质量。这是织机发展史上一项重大发明，它将织工的双手从提综动作解脱出来，以专门从事投梭和打纬，大大提高了生产率。

花本式提花机出现

于东汉，又称"花楼"。它是我国古代织造技术最高成就的代表。它用线制花本贮存提花程序，再用衢线牵引经丝开口。花本是提花机上贮存纹样信息的一套程序，它是由代表经线的脚子线和代表纬线的耳子线根据纹样的要求编织而成的。

明代宋应星《天工开物》中写道：

凡工匠结花本者，心计最精巧。画师先画何等花色于纸上，结本者以丝线随画量度，算计分寸而结成之。

花本结好，上机织造。织工和挽花工互相配合，根据花本的变化，一根纬线一根纬线地向前织，就可织出瑰丽的花纹来。花本也是古代纺织工匠的一项重要贡献。花本式提花机后经"丝绸之路"传入西方。

拓展阅读

据说西汉时巨鹿人陈宝光之妻发明织花机。

陈宝光之妻曾经在汉宣帝时在大司马霍光家传授蒲桃锦和散花绫的织造技术，她所用的绫锦机有120综120镊，60日成一匹，匹值万钱。

汉代织花机的出现，能够织出五彩缤纷的花纹和薄如蝉翼的舞衣，使纺织技术有了很大提高，也丰富了这一时期的舞蹈艺术。

公元59年，汉明帝率公卿大臣祭天地所穿的五色新衣，就是织花机织出来的。根据历史记载印证，这一传说反映了西汉时中原地区丝织技术的水平。

秦汉时期的染织技术

　　秦汉时期，由于生产力的发展，染织工艺有着飞跃的发展。染织工艺的进步是服装质量得以提高的基础。当时的人们对服饰日益讲究，着装也渐趋华丽。很多出土文物证明了这一点。

　　秦汉时期的染料更加丰富，染色工艺已很发达，有一染、再染、蜡染，加深加固颜色等技术。秦汉时期的染织业在战国基础上发展成历史上空前的繁盛期。

　　彩绘和印花技术也取得了突破性进展，其中凸版印花技术充分反映了我国秦汉时期的印染技艺水平。

秦汉时期的染料，无论是植物性染料、动物性染料还是矿物性染料的运用，都取得了很高的成就。

我国古代染色的染料大都是天然矿物或植物染料，而以植物染料为主。古代将原色青、赤、黄、白、黑称为"五色"。将原色混合可以得到间色，也就是多次色。

在秦汉时期，将织物染成青、赤、黄、白、黑颜色，已经有一套成熟的技术。

青色主要是用从蓝草中提取的靛蓝染成的。东汉时期，马蓝已成为我国北方重要的经济作物。在河南省陈留一带有专业性的产蓝区。

东汉末年的学者赵岐，路过陈留，看见山冈上到处种着蓝草，就兴致勃勃地写了一篇《蓝赋》，并在序中说："余就医偃师，道经陈留，此境人皆以种蓝染为业。"

赤色主要用茜草染红。汉代，大规模种植茜草。当时又从西域传入一种染红色的红花。用茜草染成的红色叫"绛"，接近于现代所谓的土耳其红。而用红花染成的红色叫"真红"，有"红花颜色掩千花，任是猩猩血未加"之誉。

黄色主要是用栀子来染。栀子的果实含有花酸的黄色素，是一种直接染料，染成的黄色微泛红光。在两汉典章制度汇编《汉官仪》中，记有"染园出厄茜，供染御服"，厄即梔，说明当时染最高级的服装也用栀子。

白色可用天然矿物绢云母涂染，但主要是通过漂白的方法取得。漂白是使用化学溶剂将织物从漂染成为白色的过程。漂白生丝只要用强碱脱去丝胶即可。漂白麻，则多用草木灰加石灰反复浸煮。

黑色主要是用栎实、橡实、五倍子、柿叶、冬青叶、栗壳、莲子壳、鼠尾叶、乌桕叶等。这些植物含有单宁酸，和铁相作用后，就会在织物上生成黑色沉淀。这种颜色性质稳定，能够经历日晒和水洗，均不易脱落或很少脱落。

随着生产的发展和生活的需要，人们对植物染料的需要量也不断增加，因而在汉代出现了以种植染草为业的人。

汉代史学家司马迁在《史记·货殖列传》记载："千亩栀茜，千亩姜韭，此其人皆以千户侯等。"说明当时种植栀茜的盛况。红花传入中原后，也出现了以种红花为业的人。

秦汉时期的矿物颜料主要是朱砂，当时的生产规模日益扩大，逐渐成为普遍采用的颜料。此外还出现了蜡染技术。

马王堆一号汉墓出土的大批彩绘印花丝绸织品中，不少红色花纹都是用朱砂绘制的。如有一件朱红色菱纹罗做的丝锦袍，就是用朱砂染上去的。

朱砂颗粒研磨得细而均匀，其色泽到今天仍然十分鲜艳，说明西汉时我国劳动人民使用朱砂已有相当高的技术水平。

东汉以后，随着炼丹术的发展，开始人工合成硫化汞，古时称人造的硫化汞为银朱或紫粉霜，以与天然的朱砂区别，它主要是用硫磺和水银在特制的容器里进行升华反应提取。

蜡染技术在我国起源很早，据研究，最迟在秦汉时期，我国西南地区的少数民族就掌握了用蜡防染的特点，利用蜂蜡和虫白蜡作为防染的原料。

蜡染的方法，是先用融化的蜡在白布或绢上绘出各种各样的花纹，然后放到靛蓝染液中去染色，最后用沸水熔掉蜂蜡，布面上就现出了各种各样的白花。

蜡染技术以其独到之处，是秦汉时期其他印染方法所代替不了的，因而沿用了1000多年。随着西南地区的少数民族与汉族之间的文

化交流，逐渐传到中原以至全国各地，并且还流传到亚洲各国。

秦汉时期的织造技术主要有彩绘和印花两种形式。汉代织物上的花纹图案，内容多为祥禽瑞兽、吉祥图形和几何图案，组织复杂，花纹奇丽。

彩绘和印花，从马王堆汉墓中出土很多，归纳起来

约为两种：一是彩色套印，一是印花敷彩。

专家认为，两者的共同点是，线条细而均匀，极少有间断现象，用色厚而立体感强，没有渗化污渍之病，花地清晰，全幅印刷。这可见当时配料之精，印制技术之高，都达到了十分惊人的程度。

能够充分反映秦汉时期印染技艺水平的是当时占主导地位的凸版印花技术。马王堆汉墓出土的丝绸印花敷彩纱袍和金银泥印花纱，是凸版印花和彩绘相结合的方法加工而成的，这是我国古代印染工艺的一大进步。

马王堆汉墓出土的彩色套印花纱及多次套染的织物，据分析共有36种色相，其中浸染的颜色品种有29种，涂染的有7种，以绛紫、烟、墨绿、蓝黑和朱红等色染得最为深透均匀。

汉代的染色工艺，从湖南省长沙马王堆以及新疆维吾尔自治区民丰汉墓出土的五光十色的丝、绣、毛类织品来看，虽然在地下埋了2000多年，色彩依旧那么鲜艳，足以反映当时染色工艺的卓越和色彩的丰富与华美了。

1959年我国新疆维吾尔自治区民丰东汉墓出土的"延年益寿大宜子孙"、"万年如意"、"阳"字锦等，所用的丝线颜色有绛、白、黄、褐、宝蓝、淡蓝、油绿、绛紫、浅橙等。

从马王堆一号汉墓出土的各种染色织物，经分析，除上述颜色之外，还有大红、翠蓝、湖蓝、蓝、绿、叶绿、紫、茄紫、藕荷、古铜、杏色、纯白等共有20余种色泽，充分反映了当时染色、配色技术的高超。

这表明当时我国已有相当完整的浸染、套染和媒染等染色技术

秦汉时期的织染业在战国基础上发展成历史上空前的盛期。因此，当时从长安开始，有一条连接中亚、西亚和欧洲的陆上贸易通道，因主要运销中国的丝织物而称为"丝绸之路"。

与此同时，西汉武帝时继续拓展海路贸易，最后终于形成了一条由我国雷州半岛直达印度的"海上丝绸之路"。

我国的养蚕、缫丝、丝织、印染等技术先后传到朝鲜、日本和欧洲。这是我国人民对世界文化和经济作出的重大贡献。

拓展阅读

秦汉时期，在欧洲人的心目中，中国的名字总是和丝绸联在一起的，古希腊的《史地书》中以"丝之国"、"赛里斯"来称誉中国。

在当时的欧洲，穿着中国的丝绸成为高尚和时髦的象征。古罗马恺撒大帝曾穿着一件中国的丝绸袍去看戏，在场的人对那异常绚丽而又光彩夺目的皇袍惊羡不已，认为是破天荒的豪华，以至于无心继续看戏。

由于辗转争购，使丝绸在西方市场上价格昂贵，也使"丝绸之路"的贸易更加兴旺发达。

魏晋南北朝印染技术

魏晋南北朝时期的染织工艺，继汉代之后，仍以丝织为主。印染工艺发达，品种多样，刺绣技艺提高，绣像随之产生。同时，还出现了织绣专家。

这一时期的印染品种、纹样、色彩丰富可观，刺绣工艺也得到了发展。许多出土的实物显示，魏晋南北朝时期的印染工艺已经达到了相当的水平。

魏晋南北朝时期，我国劳动人民在种植和制取蓝草方面的经验已很丰富，北魏农学家贾思勰在《齐民要术》第一次用文字记载了用蓝草制取靛蓝的方法：

　　先是"刈蓝倒竖于坑中，下水"，然后用木、石压住，使蓝草全部浸在水里，浸的时间是"热时一宿，冷时两宿"，将浸液过滤，按1.5%的比例加石灰用木棍急速搅动等沉淀以后"澄清泻去水"，"候如强粥"，则"蓝淀成矣"。

　　贾思勰还在《齐民要术》中总结了用红花炼取染料的工艺技术。这一技术在隋唐时传到日本。

　　魏晋时，南京的染黑色技术著称于世，所染的黑色丝绸质量相当高，但一般平民穿不起，大多为有钱人享用。

　　晋时，在南京秦淮河南有一个地名叫乌衣巷，据说住在乌衣巷的贵族子弟以及军士都穿乌衣，即黑色的绸衣。南京出产的黑绸直至新中国成立以后还驰名中外。

　　当时的丝织物印染尤以蜀锦居首。三国时诸葛亮治蜀，奖励耕织发展蚕桑，以备军需。

魏帝曹丕每得蜀锦，赞叹不已，吴国曾派张温使蜀，蜀国赠锦"五端"，相当于现在的250尺，并遣使携带蜀锦"千端"回访吴国。蜀国的姜维曾以锦、绮、彩绢各20万匹以充军费。由此史实不难得知当时蜀国锦的产量之大。

据清代朱启钤的《丝绣笔记》记载，诸葛亮率兵至大、小铜仁，派人带丝绸深入苗乡，并亲为兄弟民族画图传技。

苗民为了纪念诸葛亮，把织成五彩绒锦称"武侯锦"，锦屏的侗族妇女织的侗锦称"诸葛锦"。蜀锦之花开遍西南，影响深远。

曹魏纺织工艺家马钧革新提花织绫机。原来的织绫机50根经线的50蹑，60根经线的60蹑，控制着经线的分组、上下开合，以便梭子来回穿织。

蹑是踏具。马钧统统将其改成12蹑。经过这样一改进，新织绫机不仅更精致，更简单适用，而且生产效率也比原来的提高了四五倍，织出的提花绫锦，花纹图案奇特，花型变化多端，受到了广大丝织工人的欢迎。

新织绫机的诞生，是马钧一生中最早的贡献，它大大加快了我国古代丝织工业的发展速度，并为我国家庭手工业织布机的发展奠定了基础。

魏提花绸与蜀锦可以并美。

237年，日本使者来访得赠大批纹锦。随后，日本女王专使前来，带回去大批"绛地交龙锦"等，提花及印染技术随之传入日本。

两晋丝织仍以蜀锦著名，城郊村镇，掌握蜀锦编织技巧之家遍布，称为"百室篱房，机杼相和，贝锦斐成，濯色江波"。

十六国时前秦的秦川刺史窦滔之妻苏蕙，是著名染织工艺家，双手织出回文诗句，称"回文锦"，造诣卓越，被传为佳话。

南北朝丝织，江南普遍有所发展。刘宋设少府，下有平准令，后改染署，进行专门管理。南齐除蜀锦外、荆州、扬州也是主要产区。北方拓跋设少府后改太府，有司染署，下属京坊、河东、信都三局，有相当规模的生产。

六朝丝织品种、纹样、色彩丰富可观。十六国中的后赵在邺城设有织锦署，锦有大登高、小登高、大光明、小光明、大博山、小博山、大茱萸、小茱萸、大交龙、小交龙、蒲桃纹锦、斑纹锦、凤凰朱雀锦、韬纹锦、核桃纹锦，以及青、白、黄、绿、紫、蜀绨等，名目之多，不可尽数。

新疆维吾尔自治区吐鲁番民丰出土的实物，发现有东晋、北魏、西魏的锦、绮、缣、绢及印花彩绢等，还有江苏铜山、常熟出土的绫、绢。

这些锦、绮图案织作精细，主要的有两种类型，一是纯几何纹，一是以规则的波状几何纹骨架，形成几何分隔线，配置动、植物纹，从而构成样式化。

纹样有的还吸收了不少外来因素，多为平纹经线彩锦，兼有纬线起花，出现了中亚、西亚纹样。比如新疆维吾尔自治区出土的有菱纹锦、龙纹锦、瑞兽锦、狮纹锦、忍冬菱纹锦、忍冬带联珠纹锦、双兽对鸟纹锦、鸟兽树纹锦、树纹锦、化生锦等。

色彩有大红、粉红、绛红、黄、淡黄、浅栗、紫宝蓝、翠蓝、淡蓝、叶绿、白等多种。

如：忍冬菱纹锦，以绛色圆点构成菱形格，菱内置肥大的绛色十字花，花内有细致的朱色忍冬，既带花蕊又自成小花，构成花中有花的样式，色彩简洁明快而不单调。

天王化生锦有狮、象和佛教艺术中化生、莲花等中亚习见的纹样。方格兽纹锦是黄、绿、白、蓝、红五色丝织，在黄、绿等彩条上，织有蓝色犀牛，红线白狮，蓝线白象等纹样。

这些色彩，绵薄色多，提花准确，组织细密，反映了这一时期的时代特色。

绮多为单色斜纹经线显花，纹样繁缛，质地细薄透明，织造技艺进步。

比如，新疆维吾尔自治区出土的龟背纹绮、对鸟纹绮、对兽纹绮、双人对舞纹绮、莲花纹绮、套环贵字纹绮、套环对鸟纹绮等，其中的双人对舞纹绮纹样是圈外环鸟群，4个椭圆形交界空隙处有双人对舞图案。莲花纹绮是在两个椭圆弧线结合处，饰八瓣莲花一朵，新颖别致。

魏晋南北朝时期，毛毯广为应用，编织技术提高。南北朝时，西北民族编织毛毯，用"之"字形打结，底经底纬斜纹组织。

这种编织方法便于采用简易机械代替手工操作，从而提高产量。在北朝，帐毡等更广为应用。

魏晋南北朝时期的印染也有所发展。随着纺织的发展，印染工艺很有进步，晋朝蜡缬可染出10多种彩色，东晋绞缬已有小簇花样、蝴蝶缬、蜡梅缬、鹿胎缬等多种。紫地白花斑为当时流行色。

其中的绞缬是一种机械防染法，最适于染制简单的点花或条纹。

其方法是先将待染的织物，按预先设计的图案用线钉缝，抽紧后，再用线紧紧结扎成各种式样的小结。浸染后，将线拆去，缚结的那部分就呈现出着色不充分的花纹。

这种花纹，别有风味，每朵花的边界由于受到染液的浸润，很自然地形成由深到浅的色晕。花纹疏大的叫"鹿胎缬"或"玛瑙缬"；花纹细密的叫"鱼子缬"或"龙子缬"。

还有比较简单的小簇花样，如蝴蝶、腊梅、海棠等。

东晋南北朝时，绞缬染制的织物，多用于妇女的衣着。

在大诗人陶潜的《搜神后记》中记述了一个故事。一个年轻妇女穿着"紫缬襦青裙"，远看就好像梅花斑斑的鹿一样。很显然，这个妇女穿的，就是鹿胎缬花纹的衣服。

丝织染品有新疆阿斯塔那出土的红色白点绞缬绢、绛色白点绞缬绢是西凉的织染品。

于田出土的夹缬印花绢，是北魏染品，大红地、白色六角形小花，清晰齐整。民丰出土的蓝色冰裂纹绞缬绢，天蓝地白色冰裂纹，形成自然的网状纹样，灵活有韵味。

彩画绢则直接手绘，承传统发展。敦煌莫高窟发现的绿地鸟兽纹彩绸，绿地白纹，弧线划分加平行直线为骨架，其间有鸟兽为主纹，精美而素雅。

至于毛织染品，当时西北地区已开始出现蜡防印染毛织物。

胭脂红地缠枝花毛织品，以缠枝花为主体纹样，构成两种连续、婉转伸延都显示出的柔嫩姿态。花叶经过变形换色而不失自然气息，大块胭脂红为基调，黑色宽线条衬托出白色、绿色相间的花叶，整个画面和谐明丽。

还有紫色呢布、驼色黑方格纹褐、蓝色蜡缬厨、蓝色印花斜纹褐等。

棉织染品有于田出土的蓝印花布。丝、毛、棉织物上都有染色印花，已广为流行。

魏晋南北朝时期，刺绣工艺有显著提高。

三国时，已有著名织绣工艺家，东吴有吴王赵夫人，巧妙无双，能于指间以彩丝织成龙凤之锦，大则盈尺，小则方寸，宫中号为"机绝"；又于方帛之上绣作五岳列国地形，号为"咸绝"；又以胶续丝作轻幔，号为"丝绝"。此三绝名冠当时。

刺绣用于佛教艺术，"绣像"技艺高超。其中，敦煌莫高窟发现了北魏的《一佛二菩萨说法图》，上面绣有"太和十一年"、"广阳王"等字样。绣地是在黄绢上，绢中夹层麻布，用红、黄、绿、紫、蓝等色线。

绣出的佛像和男女供养人，女子高冠绣服，对襟长衫上满饰桃形"忍冬纹"，边饰"卷草纹"、"发愿文"及空余衬地全用细密的"锁绣针法"，进行"满地绣"。

横幅花边纹饰为"空地绣"，绣出圆圈纹和龟背纹套叠图案，圈中为4片"忍冬纹"，又与"龟背纹"重叠，圈用蓝、白、黄等色，"忍冬"用黄、蓝、绿等色，"龟背"用紫白等色。

构成富于变化的几何图案，线条流利，针势走向随各种线条的运转方向变化。使用两色或三色退晕配色法，以增强形象质感效果。《一佛二菩萨说法图》是六朝时代的刺绣珍品。

总之，魏晋南北朝时期的织、染、绩、绣，在汉代基础上，在民族融合的情况下，有了新的发展。从纹样内容到形式色彩以及工艺技巧，都有自己的时代特色和新的风格。

拓展阅读

魏晋南北朝时期，由于绞缬染只要家常的缝线就可以随意做出别具一格的花纹，因而应用很广泛。

据说北魏孝明帝时，河南荥阳有一个名叫郑云的人，曾用印有紫色花纹的丝绸400匹向当时的官府行贿，弄到一个安州刺史的官衔。

这些行贿的花绸是用镂空版印花法加工制成的。镂空版的制法，是按照设计的图案，在木板或浸过油的硬纸上雕刻镂空而成的。印染时，在镂空的地方涂刷染料或色浆，除去镂空版，花纹便显示出来。

隋代的染织工艺技术

全国的统一，疆土的开拓，交通的畅达，经济的繁荣，中外文化的交流，市场的扩大及科学技术的进步，使隋代的染织工艺空前繁盛，织造技术和图案纹样均发生了重大变化。

虽然隋代只维持了短短的20多年，但是它在完成统一事业以后，曾出现了经济文化繁荣发展的大好局面。其中，隋代丝织品的生产不仅遍及全国，更因其较高的工艺水平，成为对外贸易中的重要产品，远销海外。

隋文帝杨坚结束了长期分裂的局面，重新统一了华夏大地，建立隋政权，定都长安。全国统一以后，社会秩序安定下来，南北的经济、文化得到了交流。

隋朝朝廷继续实行北魏以来的均田制，农民的负担比以前有所减轻，在短短的20多年间，经过人民群众的辛勤劳动，农业生产和手工业都有新的发展。随着京杭大运河的开凿，它对南北经济交流，起了很大的作用。

隋代农业经济的发展，给染织工艺提供了原料等物质基础，促进了染织工艺的提高。纺织业中以丝织业最为有名，丝织品的产量更有了空前的扩大，缫丝技术有很大改进，由原来简单的缫丝框，发展成比较完善的手摇缫丝车。

隋代丝织工艺水平较高，丝织品生产遍及全国，官办作坊成为高级织染品的主要生产部门。

隋文帝时，太府寺统左藏、左尚方、内尚方、右尚方、司染、右藏、黄藏、掌冶、甄官等署，掌握着许多重要手工业部门。

隋炀帝杨广时，从太府寺分置少府监，由少府监统左尚、右尚、内尚、司尚、司染、铠甲、弓弩、掌冶等署。后又废铠甲、弓弩两署，并司织、司染为织染署。在一些地方州县和矿产地区，也设有管理官府手工业作坊的机构。

隋代设有专门机构来管理染织生产，如隋炀帝时有少府监，下属有司染署和司织署；以后，两署又合并为染织署。隋代的染织多出于染织署，管理制造御用染织品。

隋代丝织品主要产地为今天的河南、河北、山东、江苏、四川等地，所产绫、绢、锦等都很精美。

比如：河南省安阳所产绫纹细布，都非常精良，是为贡品；四川省成都所产绫锦，也很著名；江苏省苏州等地的丝织业也很发达，缫丝、织锦、织绢者颇多；江西省南昌妇女勤于纺绩，技术熟练，夜晚浣纱，早晨就能纺织成布，时人谓之"鸡鸣布"。

当时还采用外来的波斯锦的织造技法，织出了质量很高的仿波斯锦。在今安徽、江苏、浙江、江西等地，麻布的产量很大。

随着手工业的发展，当时专门从事手工业的劳动者日益增多。隋炀帝时，朝廷曾在河北一地，招募"工艺户"3000多家。

隋代的丝织遗物，在新疆维吾尔自治区吐鲁番阿斯塔那古墓曾有出土：联珠小花锦，大红地黄色联珠圈中饰8瓣小花图案，这应是唐代最为盛行的联珠纹锦图案的滥觞；棋局锦，是红白两色相间的方格纹；彩条锦，是用菜绿和淡黄两色织成的彩条纹。

这些锦的图案明快大方，别具一种艺术风格。同时还出土绮多种，有联珠纹套环团花绮，联珠纹套环菱纹绮；另有一种回纹绮，色彩复杂，有紫、绿、大红、茄紫4种颜色，织成回纹图案。

日本法隆寺曾保存了一些隋代的丝织品。其中著名的有《四天王狩猎文锦》，图案以树为中心，配饰4个骑马的胡人做射狮状。这种图案具有波斯工艺的风格，反映了我国与西域文化交流的影响。

法隆寺还有《白地狩猎文锦》、《红地双龙文锦》、《红地华文锦》、《鸾文锦》等。其中的蜀江锦是四川省成都所产的一种丝织品，它的特点是在几何形的图案组织中饰以联珠文，这幅锦以绯色作为主调，具有独特的艺术效果。此外还有广东锦，日本称为"太子间道"，或称"间道锦"。在红地上织出不规则的波状纹，看来似用染经的方法织造，这是当时我国南方的特产。

隋炀帝时，曾经在元宵灯会时将东都洛阳4千米长的御道用锦帐作为戏场，命乐人舞伎身穿锦绣缯帛；又于冬日百花凋谢之季，命宫人用各色绫绮做成树叶花朵，装饰宫内光秃树木；又在南巡扬州时，用无数彩锦作为风帆装饰大型龙舟和马鞍上的障泥。

障泥就是垂于马腹两侧，用于遮挡尘土的东西。

唐朝诗人李商隐的《隋宫》曾这样形容道：

春风举国裁宫锦，半作障泥半作帆，

锦帆百幅风力满，连天展尽金芙蓉。

这些诗句除了政治意义外，客观地描述了隋代丝织品产量之大，制作之精。在东起长安，经陕西、甘肃、新疆，越帕米尔，经中亚、西亚西到地中海东岸的"丝绸之路"上，发现了大量隋代精美的丝织品。近年在新疆吐鲁番阿斯塔那古墓均有出土，其中有红白两色相间织成方格纹的《棋局锦》，大红地黄色联珠团花图案的《联珠小花锦》，用菜绿、淡黄两色织成的《彩条锦》，还有《联珠孔雀贵字纹锦》、《套环对鸟纹绮》等。这些丝织品简洁质朴，别具一格。

由此证明，隋代丝织品的生产不仅遍及全国，更因较高的丝织工艺水平，成为外贸中的重要产品，远销海外。

拓展阅读

隋炀帝迁都洛阳后，为了使长江三角洲地区的丰富物资运往洛阳，于603年下令开凿从洛阳经山东临清至河北涿郡长约1000千米的"永济渠"；又于605年下令开凿洛阳至江苏清江约1000千米长的"通济渠"；610年开凿江苏镇江至浙江杭州长约400千米的"江南运河"；同时对邗沟进行了改造。

这样，隋代总共开凿了全长大约2700千米的河道，它们可以直通船舶。

京杭大运河作为南北的交通大动脉，促进了沿岸城市的迅速发展，也为隋代染织工业的发展注入了无限生机。

唐代精美的丝织工艺

　　唐代是我国古代丝织手工业发展史上一个非常重要的阶段。在这个时期，丝绸生产各个部门的分工更加精细，织品的花式品种更加丰富，丝绸产区更加扩大，织造技术也大为提高。

　　唐代的丝织品技术高超，工艺成熟，且名目繁多，品种丰富。尤其是绢、绫、罗、绮、锦等纺织品上华丽而又精美的图案，不仅吸收了外来艺术形式，而且继承了民族传统，兼收并蓄，别具风采，反映了我国大唐盛世的繁荣景象。

唐代纺织品有麻、棉、毛、丝几种。麻织品种繁多，多是劳动人民的服用品，有葛布、孔雀布、楚布等多种。

棉织在岭南一带较为发展，有丝棉交织布、白叠布等。毛织产地主要分布在北方及西北一带，生产各式毡子，其中江南道宣州的红线毯非常有名。在所有纺织品中，丝织品最为著名。

唐代丝织品名目繁多，品种丰富，达到前所未有的程度，有绢、绫、罗、绮、锦等。

绢是平织的，没有花纹，用印染等方法进行装饰。

绫是单色的斜纹织物，可以随时改变斜纹的组织以产生花纹，这样织造的方法称"提花"。

罗是从汉代以来就流行的一种复杂织法，都是单色半透明的织物，以利用染色的方法进行纹样装饰。

锦是唐代高级丝织品之一，是在汉代发展起来的一种通经断纬的织物，吐鲁番曾出土织成锦条带。唐代武则天时期，曾令制织成及刺绣佛像400幅，分送各寺院及邻国，制作技术已相当成熟，为两宋时期发达的"缂丝"产品打下了基础。

绮的织造方法，是素地起两三枚经斜纹提花。除本色外，有染成红、黄、紫、绿等色。

锦是多色的多重织法，质地厚重。唐代以前的锦称"经锦"，而唐锦的制作，由于技术革新，取得了纬锦的新创造，在三国时马钧改良织机的基础上，突破了单纯经线起花织法，而且还发展到经纬线互相配合起花的新技术。

这样的织法不仅可以织出更为复杂的花纹及宽幅的织物，而且色彩极为华丽，形成唐锦华丽优美的时代风格。

唐代织锦中最华丽的一种是新出现的晕纲锦，它用各种色彩相间排列，构成绚丽缤纷的效果。在新疆维吾尔自治区阿斯塔那出土的一件提花锦裙，用黄、白、绿、粉红、茶褐五色经线织成，再于彩条地上用金黄色的细纬线织出蒂形小团花。

考古第一次发现的唐代"锦上添花"锦，精美异常。在同地的墓葬中，又出土了一双云头锦鞋和一双锦袜。鞋里衬内绿、蓝、浅红三色施晕繝，这是目前所知唐代最绚丽的一件晕繝锦。

唐代，四川仍是丝织品的重要产区，在汉代久负盛名的蜀锦，这一时期有不少珍品问世。

遗存至今的唐代丝织品，早期出土的有《天蓝地牡丹锦》、《沉香地瑞鹿团花绸》、《茶色地花树对平绸》、《宝蓝地小花瑞锦》、《银红地鸟含花锦》等多种。后来出土的有《兽头纹锦》、《联珠鹿纹锦》、《联珠对鸭纹锦》、《联珠猪头纹锦》、《联珠天马骑士纹锦》、《联珠吉字对鸟纹锦》、《棋纹锦及花鸟纹锦》、《瑞花遍地锦》、《龟背纹锦》、《花鸟纹锦》等多种。

大量唐代精美的丝织物的出土，反映了唐代织造工艺的高超水平和精湛技艺。

唐代的织锦有很多现在保存在日本正仓院的实物中。比如有一幅唐代《狮子舞锦》，一只狮子在宝相花枝藤中曼舞，在每朵宝相花上面，都站立着载歌载舞的人物，有的打着长鼓，有的弹着琵琶，有的吹着笙笛。花纹的单位足足有一米多长，整幅画面充满着一片欢腾热闹的景象，气魄真是宏伟极了！

日本正仓院还收藏有：用染花经丝织成的"广东锦"；用很多小梭子根据花纹颜色的边界，分块盘织而成的"缀锦"；利用由深到浅的晕色牵成的彩条经丝，织成晕色花纹的"大繝锦"；利用彩色纬丝显花，并分段变换纬丝彩色的"纬锦"；利用经丝显露花纹的"经锦"等。这些丝织品种的实物，在我国西北古丝路经过的地方也都发现过。其中广东锦就是现在流行的"印经织物"的前身。缀锦就是我国所说的"缂丝"，日本称它为"缀锦"。用经丝牵成晕色彩条的办法，在现在的纺织生产中也经常运用。

经丝显花的经锦，是汉以来的传统方法。用纬丝显花，分段换色，要不断换梭投纬，织制时比较费事，但纬丝可以比经丝织得更密致。用纬丝显花，花纹就可以织得更加精细，色彩的变换也可以更自由。因此，纬丝显花和分段变色的方法，在现代的丝织生产中仍然是主要的技艺。

根据目前考古发掘的实物资料证明，唐初就已经生产纬锦这种品种了。北京故宫博物院保存着一件从新疆维吾尔自治区吐鲁番阿斯塔那墓出土的《瑞花几何纹纬锦》，这件纬锦的花纹，也是初唐时期中原流行的典型式样，它是用一组蓝色的纬丝织出斜纹组织的地纹，另外用两组纬丝织出花纹。

在织花纹的两组纬丝中，有一组是白色的，专门用来织花纹的边缘部分；还有一组是分段换梭变色的，用来织花心部分，在标本上看到换梭的颜色有大红、湖绿两色。

这件文物标本还保留着17.3厘米长的幅边，从幅边能清楚地看到纬丝回梭形成的圈扣，以及幅边的组织规律。

阿斯塔那出土的唐代丝织品中，还有一件由两组不同色的经线和两组不同色的纬线互相交织成正反两面花纹相同的双面锦。

正反两面的区别仅仅是花纹的颜色和地纹的颜色互相转换，即正面花纹的颜色，在反面恰恰就是地纹的颜色；而正面地纹的颜色，在反面恰恰就是花纹的颜色。

这种双面锦的织法，就是现代"双层平纹变化组织"的织法，它的优点是正反两面都能使用，组织牢固，使用性能高。

唐代的薄纱也织得很好。当时的贵族妇女肩上都披着一条"披帛"，大都是用薄纱做成的。另外还有一种用印花薄纱缝制的衣裙，也是当时贵族妇女们很喜爱的服饰。

唐代印花丝绸的花色很多，印花加工除蜡染、夹板印花、木板压印等方法外，还有用镂花纸版刮色浆印花及画花等多种方法。

唐代丝织品的图案纹样丰富多彩，风格独特。其中以花鸟禽兽纹为主要的装饰题材，鸟兽成双，左右对称，鸟语花香，花团锦簇，呈现出一派生机勃勃的春天气息。

在花卉植物类图案中，多纹有盛开的牡丹花、折枝花、宝相花、散点花和卷草纹，形象处理饱满生动。

如吐鲁番出土的花鸟纹锦，以盛开的牡丹花为中心，周围有展翅飞翔的蜂蝶和练鹊，有迎花飞舞的鹦鹉，有宁静的山岳和飘飞的祥云，疏密有致，花鸟争春。锦边配上蓝地花卉两条连续的装饰带，色彩华丽，制作精美，代表了唐锦的工艺水平和装饰特点。

北京故宫博物院收藏的《天蓝地牡丹锦》，主体纹样是一个正面形的8瓣牡丹花，周围用8朵侧面的牡丹花围绕而成。外面一层又装饰了一圈较大的牡丹花，花之间安排小折枝花，构成了极其富丽饱满的大团花图案。

这件作品，在鲜艳夺目的天蓝地色上，花卉用深绿、浅绿、红、粉紫、浅黄等颜色来交错使用，用退晕手法来处理，使作品色彩华丽，主题突出，层次分明，生机盎然。

另一件茶色地《牡丹花对羊绸》，主题纹样是迎着朝霞怒放的牡丹花，在阳光的照耀下，露水珠晶莹闪光。美丽活泼的蝴蝶围绕着牡丹翩翩起舞，两只左右对称的小羊回首互望，一幅恬静优美的画面，表现了春天鸟语花香、粉蝶飞舞的欣欣向荣的景象，这正是盛唐以来工艺装饰的特点。

此外，《瑞鹿牡丹团花绸》也是优秀作品，都和当时花鸟画的发展有着密切的关系。

联珠团窠纹也是唐锦图案的一类。唐代这类图案的发现较为普遍，成为唐锦的典型纹样。以一圈联珠组成团窠，中间安排鸟兽和花卉图案。图案内容有盘龙、凤凰、麒麟、狮子、天马、仙鹤、莲花、忍冬和宝相花等。纹样规整、连续、对称，以四方连续的组织向四面延续。4个团窠纹之间的空隙，装饰忍冬纹。

据说联珠纹来源于古代波斯，但从我国原始社会的彩陶纹样，商代妇好墓出土的铜镜背面的边饰纹样及西晋的青瓷纹样和隋代的织锦的联珠纹上，均可见到它的形象。说明这种纹样不仅是吸收了外来艺术形式而且继承了民族传统，兼收并蓄，别具风采。

唐代联珠团窠纹织锦遗物，在吐鲁番、甘肃省境内都有大量出土。代表作品有《联珠对鸭纹锦》、《联珠对天马骑士纹锦》、《联珠鹿纹锦》、《联珠猪头纹锦》、《联珠戴胜鸾纹锦》等，尤其以鹿纹锦和猪头、对鸭纹锦，纹样别致，生动有趣。联珠团窠纹是唐代流行的一种装饰形式。

此外，唐锦纹样还有几何纹，其中有万字、小散点花等。唐锦纹样形象华美、活泼，对后世影响深远。

拓展阅读

唐代丝绸有许多新异的图案名目，还有不少特别精美的花式，是上层人物才能享受的精品。

唐太宗在位时，有一个叫窦师伦的人，在四川益州大行台任上，曾创制了不少丝绸花式，其中有对雉、斗羊、翔凤、游麟等花样，一直流行了几百年。

因窦师伦受封为"陵阳公"，人们就把那些花样称为"陵阳公样"。

陵阳公样是唐锦中最为精美的一部分。纹样成双成对，图案新颖奇丽，别具一格。一直受到人们的喜爱。

唐代印染与刺绣工艺

　　唐代的印染工艺相当发达，主要有夹缬、蜡缬、绞缬、凸版拓印技术和碱印技术等。刺绣在唐代有了飞跃的发展。唐代的刺绣除了作为服饰用品外，还用于绣作佛经或佛像，针法绝妙，效果甚佳，还反映了当时人们的宗教意识。

唐代的印染业相当发达，出现了一些新的印染工艺，比如凸版拓印工艺等。唐代印染工艺还包括夹缬、蜡缬和绞缬，其中的夹缬工艺起源并鼎盛于唐代，以至于成为了当时最普通的染色工艺。

我们知道，在染一件衣服之前，一定要把有油污的地方清洗干净。在煮染的过程中，还要不断搅动，防止一些地方打绞成结。

因为有油污或纽绞成结的地方容易造成染色不均或染不成色，会使得衣服深一块浅一块，花花斑斑，十分难看。

然而，我国古代劳动人民却通过总结这些染色失败的教训，使坏事变好事，创造出独特的印花技术，这就是夹缬、蜡缬和绞缬，我们通常称之为"古代三缬"。现在人们将三者通称为"夹染、蜡染、扎染"。

夹缬即现代所说的夹染，是一种直接印花法。夹缬是用两块木版，雕镂同样的图案花纹，夹帛而染，印染过后，解开木版，花纹相对，有左右匀整的效果，是比较流行的，最普通的一种印染方式。

日本正仓院迄今还保存着唐代自我国输入的"花树对鹿"、"花树对鸟"夹缬屏风。

夹缬的工艺种类比较多，有直接印花、碱剂印花，还有防染印花，比较传统的是镂空花版，"盛唐"时期才采用了筛网印花，也就是筛罗印花。

镂空花版的制作是在纸上镂刻图案，成花版，尔后将染料漏印到织物上的印染工艺。用镂空纸花版印刷的花形，一个显著的特点是线条不能首尾相连，留有缺口。

从1966年至1973年吐鲁番出土的一批唐代印染织物的花纹观察，纱织物花纹均为宽2毫米的间歇线条组成，白地印花罗花纹花瓣叶脉的点线互不相连接，呈间歇状，绢织物花纹均为圆点和鸡冠形组成的团花，皆为互不相连接的洞孔。

这里出土的茶褐地绿、白两套色印花绢中，第一套白色圈点纹，这些小圆圈除一些因拖浆形成的圆点或圆圈外，凡印花清晰的，其圆圈均不闭合，即圈外有一线连接。这些都是镂空纸花版所特有的现象。特别是这些小圆圈的直径不过3毫米，圈内圆点直径仅1毫米左右，这绝不是用木版所能雕刻出来的。这种印花版，是用一种特别的纸版镂刻成的。

吐鲁番出土的唐代印染标本表明，至迟在"盛唐"以前，我国丝织印染工人就已经完成了以特别镂空纸花版代替镂空木花版的改革工艺。

蜡缬即现代所说的蜡染。它的制作方法和工艺过程是：把白布平贴在木板或桌面上点蜡花。点蜡的方法，把蜂蜡放在陶瓷碗或金属罐里，用火盆里的木炭灰或糠壳火使蜡熔化，便可以用铜刀蘸蜡作画。

作画的第一步是确定位置。有的地区是照着纸剪的花样确定大轮廓，然后画出各种图案花纹。

另外一些地区则不用花样，只用指甲在白布上勾画出大轮廓，便可以得心应手地画出各种美丽的图案。

浸染的方法，是把画好的蜡片放在蓝靛染缸里，一般每一件需浸泡五六天。第一次浸泡后取出晾干，便得浅蓝色。再放入浸泡数次，便得深蓝色。

如果需要在同一织物上出现深浅两色的图案，便在第一次浸泡后，在浅蓝色上再点绘蜡花浸染，染成以后即现出深浅两种花纹。

当蜡片放进染缸浸染时，有些蜡迹因折叠而损裂，于是便产生天然的裂纹，一般称为"冰纹"。有时也根据需要做出"冰纹"。这种"冰纹"往往会使蜡染图案更加层次丰富，具有自然别致的风味。

蜡染方法在唐代的西南苗族、布依族等少数民族地区广泛流行。蜡染花布图案生动别致，不仅受到我国人民的喜爱，而且远销国外，颇受欢迎。

日本正仓院藏有唐代《象纹蜡缬屏风》和《羊纹屏风》，纹样十分精美。

绞缬即现代所说的扎染。常见的方法是先将待染的织物根据需要，按一定规格用线缝扎成"十"字形、方格形、条纹等形状，然后染色，染好后晒干，把线结拆去。由于染液不能渗透，形成色地白花，花纹的边缘则产生晕染效果。

还有一种方法是将谷粒包扎在钉扎部分，然后入染，便产生更复杂的花纹变化。

在吐鲁番阿斯塔那古墓出土了唐代的"绞缬裙"，由绛紫、茄紫等色组成菱形网状图案，精巧美观。

绞缬有100多种变化技法，各有特色。如其中的"卷上绞"，晕色丰富，变化自然，趣味无穷。更使人惊奇的是扎结每种花，即使有成千上万朵，染出后却不会有相同的出现。

这种独特的艺术效果，是机械印染工艺难以达到的。绞缬产品特别适宜制作妇女的衣裙。

唐代还有凸版拓印技术。特别是在甘肃敦煌出土的唐代用凸版拓印的团窠对禽纹绢，这是自东汉以后隐没了的凸版印花技术的再现。

此外，西汉长沙马王堆出土的印花织物，是用两块凸版套印的灰地银白加金云纹纱。凸版拓印技术发展到唐代，有用凸版拓印的敦煌出土的团窠对禽纹绢，这是这种工艺的实物再现。

唐代碱印技术，是用碱为拔染剂在丝罗织品上印花。它是利用碱对织物的化学作用，经染后而产生不同色彩的花纹。

还有用镂空纸板印成的大簇折枝两色印花罗，是更精美的一种。吐鲁番出土的蜡缬烟色地狩猎纹印花绢，其中骑士搭弓射狮，骏马奔驰，犬兔相逐，周围点缀飞鸟花卉，表现了一派生动紧张的狩猎场面，技艺精湛。

唐代刺绣应用很广，针法也有新的发展。刺绣一般用作服饰用品的装饰，做工精巧，色彩华美，在唐代的文献和诗文中都有所反映。

如李白诗"翡翠黄金缕，绣成歌舞衣"、白居易诗"红楼富家女，金缕刺罗襦"等，都是对于刺绣的咏颂。

唐代刺绣的针法，除了运用战国以来传统的辫绣外，还采用了平绣、打点绣、纭裥绣等多种针法。

其中的纭裥绣又称"退晕绣"，即现代所称的"戗针绣"，可以表现出具有深浅变化的不同的色阶，使描写的对象色彩富丽堂皇，具有浓厚的装饰效果。

唐代的刺绣除了作为服饰用品外，还用于绣做佛经和佛像，为宗教服务，用于绣做佛经或佛像。

随着刺绣范围和题材的扩大，绣做佛经或佛像时又发展了很多新针法，有直针、缠针、齐针、套针、平金等新技术，大大丰富了刺绣的表现力。在色彩的使用上，也有很高的成就，在佛像脸部，能表现颜色晕染的效果。

敦煌发现的《释迦说法图》和日本的劝修寺的《释迦说法图》，都是用切针绣轮廓线，而以短套针绣肉体，表现晕染效果。

从释迦说法的场景，今人可以感受到当时人们所憧憬的庄严净土，也可以看出制作者对绣法有深厚的理解及熟练度。

拓展阅读

蜡染是古老的艺术，又是年轻的艺术，现代的艺术，它概括简练的造型，单纯明朗的色彩，夸张变形的装饰纹样，适应了现代生活的需要，适合现代的审美要求。

蜡染图案以写实为基础。艺术语言质朴、天真、粗犷而有力，特别是它的造型不受自然形象细节的约束，进行了大胆的变化和夸张，这种变化和夸张出自天真的想象，含有无穷的魅力。图案纹样十分丰富，有几何形，也有自然形象，一般都来自生活或优美的传说故事，具有浓郁的民族色彩。

近古时期

　　从五代十国至元代是我国历史上的近古时期。经过五代十国的战乱，宋元时期的纺织业取得了长足的发展，很多方面已经达到当时世界纺织业工艺的先进水平。

　　宋代纺织技术丰富多样，印染及刺绣工艺都达到了新的高度。元代回族织金锦纳失失以及撒搭剌欺、苏夫等，在我国乃至世界纺织技术史上都占有重要地位。而以"乌泥泾被"为代表的元代棉纺技艺，将我国的棉纺业推向了一个新的历史阶段。

宋代纺织技术水平

宋代的纺织技术在继承前代尤其是汉唐纺织技术的基础上继续进步，无论是丝绸品种的织物组织与结构，或是丝绸服饰质料品种，都有了重大的发展，达到了高度发展的阶段。

宋代纺织技术丰富多样，纺织工具也很发达，现代织物组织学上所谓"三原组织"，即平纹、斜纹和缎纹至此均已具备。

并且将织金、起绒、挖花技术和缎纹组织结合起来，出现了大量的服饰质料新品种，这对现代纺织技术与丝绸服饰质料的进一步发展有着积极意义。

宋太祖赵匡胤结束了五代十国分裂割据的局面，建立了宋王朝，我国纺织工业进入一个新的历史时期。

宋代是我国纺织技术发展的重要时期，纺织业已发展到全国的40多个州。宋代纺织品有棉织品和丝麻织品。丝织品中以罗居多，尤以花罗最有特色，此外还有绫、缎、印花及彩绘丝织品等。

宋代的棉织业得到迅速发展，已取代麻织品而成为大众衣料。浙江省兰溪南宋墓内曾出土一条完整的白色棉毯。棉毯两面拉毛，细密厚暖。毯长2.51米，宽1.15米，经鉴定由木棉纱织成。

棉毯是独幅的，从而证明历史上曾存在"广幅布"和阔幅织机。

从生产形态上看，纺织业在宋代之重大进步，就是"机户"的大批涌现。所谓机户是指由家庭成员组成的、专以纺织为生的家庭作坊，属小商品生产者范畴。如浙江省金华县，城中居民以织作为生，而且都很富有。更多的机户是在城郊以至乡村地区。

《永乐大典》中有一段关于机户的材料说：南宋孝宗年间有个叫陈泰的人，他原是抚州布商，每年年初，向崇安、乐安、金溪和吉州属县的织户发放生产性贷款，作为其织布本钱。

到夏秋之间去这些地方讨索麻布，以供贩卖。由于生意越做越大，各地有曾小陆等作为代理人，为陈泰放钱敛布。仅乐安一地就织布数千匹，为建仓库就花去陈泰500贯钱，有一定规模。

事实上，这种经营方式在淳熙之前就已持续相当时日了，并非偶发事件。

这就是说，布商陈泰的商业资本，通过给织户发放带有定金性质的生产性贷款而进入生产领域，而分散在城镇乡村的细小织户的产品，则先由曾小陆等各地代理商集中起来，再由布商陈泰贩卖到外地而成商品。这种生产形态，是当时情况的真实写照。

宋代丝麻织品出土实物，主要有湖南省衡阳县北宋墓中出土的大量丝麻织物，还有福建省福州出土南宋黄升墓中的遗物等。

衡阳县北宋墓中出土的共有大小衣物及服饰残片200余件，有袍、袄、衣、裙、鞋、帽、被子等，质地有绫、罗、绢、纱、麻等。

纹样丰富，在花纱、花罗、花绫的纹样装饰上，有大、小两种提花织物，小提花织物纹样主要由回纹、菱形纹、锯齿纹、连钱纹、几何纹组成，花纹单位较小，还遗留着汉唐提花织物以细小规矩纹为图案的装饰风格。

大提花织物纹样构图复杂，生动流畅，多以动、植物为主题，用缠枝藤花、童子为陪衬，并点缀吉祥文字，与宋代建筑、瓷器和铜镜上的装饰作风极为相似，在纱、罗衣襟残片上，还发现圆扣和麻花形扣眼。

这丰富了对北宋时期装饰工艺的认识，为研究北宋时期纺织技术提供了可靠的实物资料。

福州出土南宋黄升墓中的遗物多达480件，有长袍短衣、裤、裙子、鞋、袜、被衾等，还有大量的丝织品衣物。

集中反映了南宋纺织工业水平和优秀的传统纺织技艺，有平纹组织的纱、绉纱、绢，平纹地起斜纹花的绮，绞经组织的花罗，异向斜纹或变化斜纹组织的花绫和六枚花缎等品种，以罗居多，近200件。绢和绫次之，纱和绉纱数量较少。

罗和绫多是提花，有牡丹、山茶、海棠、百合、月季、菊花、芙蓉等，而以牡丹、芙蓉和山茶花最多，往往以牡丹或芙蓉为主体，伴以其他花卉组成繁簇花卉图案。

这种写实题材的表现形式，富有生活气息。绢和纱则为素织。该墓还首次出土了纹纬松竹梅提花缎。

宋代丝麻织品中的丝绸及织造技术，主要反映在纱、罗、绮、绫、缎、锦这几个种类上，它们集中反映出宋代丝织业的发展及工艺水平。

纱是平纹素织、组织稀疏、方孔透亮的丝织物，具有纤细、方孔、轻盈等特点。

在宋代，南方及江浙地区上贡的纱有素纱、天净纱、暗花纱、粟地纱、葺纱等名贵产品。当时有代表性的轻纱为江西省德安周氏墓出土的黄褐色素纱以及褐色素纱，此边部加密是为了便于织造生产，也是为保持布面的幅度，以利于裁剪成衣，其透孔率较高。

绉是从纱中分化出来的，也称为"绉纱"，因此具有轻纱的特征，而且在织物表面起皱纹。

绉纱一般都用于袍、衣的面料，南宋的绉在服饰外观上效果尤佳，能很明显地看出绉纱韧性很好，质地细软轻薄，富有弹性，足见其当时织造技术达到了相当高的水平。

罗是质地轻薄、丝缕纤细，经丝互相绞缠后呈椒孔的丝织物。换句话说，凡是应用绞纱组织的织物统称为"罗"。

其实，早在殷商时期就有了利用简单纱罗组织织制的绞纱织物，在唐代官府还专门设立了罗作。后来经过不同时期的发展，在宋代其织造技术已经达到较高的水平，其罗更是风靡一时，新品种大量出现，深受宋人青睐。

罗一般分为素罗与花罗：素罗是指经丝起绞的素组织罗，经丝一般弱捻，纬丝无捻，根据其特点分为二经绞罗和四经绞罗两种；花罗是罗地出各种花纹图案的罗织物总称，也叫"提花罗"，花罗有二经绞罗、三经绞罗和四经绞罗3种。

从大量出土的服饰来看，大部分是用绞纱做原料裁制的。如江西德安周氏墓有罗襟如意花纹纱衫，是一种亮地平纹纱，由于其经纬较稀疏，经线纤细，因此具有良好的透明和轻柔的特点，经浮所起花纹若隐若现，明暗相间，风格独特。

此外，在宋墓中出现了大量带有图案花纹的罗，如缠枝牡丹、芍药、山茶、蔷薇罗等。这种花卉的写实题材，不仅生动活泼，而且装饰花纹花回循环较大，更增添了服饰的装饰艺术效果并给人以清新的美感。

这种花罗织造技术较一般提花织物复杂，需要一人坐在花楼上掌握提花工序，一人在下专司投梭、打纬，两人协同操作，通丝数相应地增加。

由此可见，这种复杂的提花工艺在当时手工织机条件下显得十分费时，也体现了宋代织造提花技术上的杰出成就。

两宋最有名的罗当属婺州和润州的花罗以及常州织罗署出产的云纹罗。

此外，方幅紫罗是当时杭州土产之一，为市民妇女所欢迎，妇女出门时常常以方幅紫罗障蔽半身，俗称"盖头"。

绮是平纹地起斜纹花的提花织物，最早流行于汉代，唐代时绮仍为丝绸服饰质料中之佳品，唐代织染署就有专业工场来生产绮。

至宋代，绮仍受欢迎，如出土丝织品中的"吉祥如意"花绮、穿枝杂花绮、菱纹菊花、香色折枝梅纹绮、酱色松竹梅纹绮及球路印金罗襟宝纹绮衫等。

这些绮的总体特点为单色、素地、生织、炼染，使用一组经线和纬丝交织而成，质地松软，光泽柔和，色调匀称。

"米"字纹绮为宋代绮的代表品种之一，江苏省武进宋墓及中"米"字纹，就是采用了由三上一下斜纹和五上一下斜纹组织显花技术，用浮长不等斜纹组织组成的"米"字方格纹绮，质地纹样非常清晰，对比强烈，地暗花明。

绫是斜纹地上起斜纹花的丝织物，其花纹看似冰凌的纹理。因此，在织物表面呈现出叠山形的斜纹形态成为绫的主要特征。

绫是在绮的基础上发展起来的，可见绫的出现比绮要相对晚些。从史籍记载来看，绫在汉代才出现，经过了三国两晋南北朝与隋的大发展，绫盛极一时。

至唐代，绫发展到了新的高峰，当时官服采用不同花纹和规格的绫来制作，以区别等级，致使唐代成为绫织物的全盛时期。

北宋时期也将绫作为官服之用。由于当时朝廷内部大量的需求以及馈赠辽、金、西夏等贵族的绫绢需要，各地设立专门织造作坊，大大推动了绫织物及技术的发展。

如宋墓出土了大量的异向绫，采用地纹与花纹的变化组织结构，摆脱了一般绫织物单向左斜或右斜的规律，把左斜和右斜对称地结合起来。

由于经向和纬向的浮长基本一致，配置比较得当，因此左右斜纹的纹路清晰可辨，质料手感良好，光泽柔润，别具一种雅朴的风格。可见，织绫技术之精巧。

缎是在绫的基础上发展起来的，是用缎纹组织作地组织的丝织物，它是我国古代最为华丽和最细致的丝织物。南宋临安的织缎，有织金、闪褐、闲道等品种。

用缎织成的织品，一般比平纹组织、斜纹组织的织

品显得更为平滑而有光泽，其织物的立体感很强。特别是运用织缎技术将不同颜色的丝线作纬丝时，底色不会显得混浊，使花纹更加清晰美观。

如福州宋墓中的棕黄色地松竹梅纹缎夹衣，虽纬缎组织还不是很规则，但在宋墓中是第一次发现，也证明了缎组织织物的出现。

锦是以彩色的丝线用平纹或斜纹的多重组织的多彩织物。作为豪华贵重的丝帛，其用料上乘，做工精细繁多，因此在古代只有贵人才穿得起它。

锦也成为我国古代丝帛织造技术最高水平的代表。

据文献记载，北宋时出现了40多种彩锦，至南宋时发展到百余

种，并且产生了在缎纹底子上再织花纹图案的织锦缎，这就成为名副其实的"锦上添花"了。苏州宋锦、南京云锦及四川蜀锦等在当时中原地区都极负盛名。

宋锦是在宋代开始盛行的纬三重起花的重纬织锦，是唐代纬起花锦的发展，宋锦往往以用色典雅沉重见长。云锦基本是重纬组织而又兼用唐以前的织成的织制方法，用色浓艳厚重，别具一格。

蜀锦提花准确，锦面平整细密，色调淡雅柔和，独具特色。

如出土的茂花闪色锦，经纬组织结构和织制方法都比较奇特，一组组先染色的金黄、黄绿、翠绿等经丝，显出层次丰富的闪色效果。

总之，宋代纺织技术达到了高度发展的阶段。织造技术的丰富，使得丰富多彩的棉麻织品与富丽堂皇的丝织品得到了空前的发展，为宋代服饰的多样化发展提供了条件。

拓展阅读

宋代织造工艺技术在花纹图案、组织结构等方面都有所发展。据说，著名的壮锦也是起源于宋代。

宋代给官吏分7个等级发给"臣僚袄子锦"作为官服，分为翠毛、宜男、云雁细锦、狮子、练鹊、宝照大花锦及宝熙中花锦7种。另外，还有倒仙、球路、柿红龟背等。

如新疆维吾尔自治区阿拉尔出土的一件北宋时代织制的灵鹫双羊纹锦袍，袍上的灵鹫双羊纹样，组织排列带有波斯图案的风格，这也说明宋代东西文化交流的影响结果。

宋代彩印与刺绣工艺

经过隋唐的发展，至宋代，纺织品服饰质料印染技术又达到了新的高度，有凸版印花彩绘和镂空版印花彩绘，使颜料印花工艺日臻完善。与此同时，夹缬与蜡染工艺技术也有新的发展。

宋代是我国手工刺绣臻至高峰的时期，无论是产品质量还是数量均属空前，特别是在它开创纯审美的艺术绣方面，更是独树一帜。

宋代彩印方法之一就是凸版印花。这种印花是在木模或钢模的表面刻出花纹，然后蘸取色浆盖印到织物上的一种古老的印花方法。

模版采用木质的称为木版模型印花。模版上呈阳纹的称凸版印花或凸纹型版颜料印花。

在版面凸起部分涂刷色浆，在已精练和平挺处理的平摊织物上，对准花位，经押印方式施压于织物，就能印得型版所雕之纹样。或将棉织物蒙于版面，就其凸纹处研光，然后在研光处涂刷五彩色浆，可以印出各种色彩的印花织物。

这种印花彩绘工艺主要运用于镶在服饰花边条饰上的纹饰，大多采用多种花谱，印绘相结合组成各种花纹图案。它代替了传统手工描绘方法，大大提高了服饰质料生产效率。

已经出土的宋代织衣中，有几件的襟边和袖边运用了凸版印花彩绘工艺技术。

如：球路印金罗襟杂宝纹绮衫，襟边宽6厘米，上有凸版泥金直印的球路印金图案；印金折枝药纹罗衫，襟边宽6厘米，在其上有两套金色花纹，其一为凸版泥金直印的杂宝花纹。

罗襟长安竹纹纱衫，襟边宽4.8厘米，上有凸版泥金直印的图案。这几件服饰的襟边以素色为主，袖缘有彩绘技术的应用。

宋代在服饰花边常运用这一技术。如：在袍的对襟花边里，有印花彩绘百菊花边、印花彩绘鸾凤花边；在单衣、夹衣的对襟花边里，有印花彩绘芙蓉人物花边、印花彩绘山茶花边。

在裙缘的花边里，有印花彩绘飞鹤彩云花边等。在单条花边里，有印花彩绘蝶恋璎珞花边、印花彩绘牡丹凤凰花边等。

镂空版印花彩绘是在平整光洁的硬质木板或硬纸板上，镂雕花纹，然后将花版置于坯料之上，于镂空部分涂刷色浆，移去花版后呈现出所需花纹。印花所用的颜料，用黏合剂调配。

镂空版印花彩绘方法有4种工艺，即植物染料印花、涂料印花、胶印描金印花和洒金印花。其中描金和印金是前所未有的印花工艺，前者是将镂空版纹饰涂上色胶，在织物上印出花纹，配以描金勾边，印花效果更佳。

后者则是将镂空花版上涂上有色彩的胶粘剂印到织物上，待色胶未干时在纹样上洒以金粉，干后抖去多余金粉而成，它和凸版花纹相比，花纹线条较粗犷，色彩较浓，有较强的立体感。

宋代的缂丝以缂丝工艺家朱克柔的《莲圹乳鸭图》最为精美，是闻名中外的传世珍品。

在江西省南宋周氏墓出土的服饰中，有6件服饰采用了该项印花彩绘工艺技术。其中印花折枝花纹纱裙最具风格特点，其裙面上印有较完整的花纹，分蓝绿色、灰白色及浅淡灰白色3套色，并以镂空版直接印成。

尤其是蓝绿色印制效果最佳，色浆的渗透附着绝佳，呈现出两面印花的良好效果。

周氏墓还有出土的印花绢裙、印金罗襟折枝花纹罗衫、樗蒲印金折枝花纹绫裙、印花襟驼色罗衫、印花罗裙等。

此外，在福州南宋墓出土的镶有绚丽夺目的花边服饰类衣袍中，狮子戏彩球纹样花边是应用镂空版印花与彩绘等工艺的印花制品。

它先用色浆和镂空版印出主要纹样作为轮廓，紧接着在轮廓中依次分别用颜料进行彩绘，使花边的纹样既有固定花位，又有接版循环，从而提高了印制效果，大大丰富了服饰花边纹样的设计风格。

宋代是手工刺绣发达臻至高峰的时期，特别是在开创纯审美的画绣方面，更堪称绝后。宋代刺绣工艺已不单单是绣在服饰上，而是从服饰上的花花草草发展到了用来纯欣赏性的刺绣画、刺绣佛经、刺绣佛像等。

宋代设立了文绣院，当时的绣工约300人。

宋徽宗年间又设绣画专科，使绣画分类为山水、楼阁，人物、花鸟，因而名绣工相继辈出，使绘画发展至最高境界，并由实用进而为

艺术欣赏，将书画带入手工刺绣之中，形成独特之观赏性绣作。朝廷的提倡，使原有的手工刺绣工艺显著提高。

宋代改良了工具和材料，使用精制钢针和发细丝线，针法极细密，色彩运用淡雅素静。针法在南宋已达十五六种之多。

宋代的刺绣还结合书画艺术，以名人作品为题材，追求绘画趣致和境界。为了能使作品达

到书画之传神的意境，人们在绣前需先有计划，绣时需度其形势，趋于精巧。

现在保存的宋代刺绣作品，如《秋葵蛱蝶图》、《伦叙图》、《老子骑牛像》、《雄鹰图》、《黄筌画花鸟芙蓉、翠鸟图》、《佛说图袈裟》、《佛说图袈裟》，在一定程度上代表了宋代刺绣的艺术水准。

《秋葵蛱蝶图》为扇形册页。画面主要以平针绣成，落在花瓣上的蝴蝶黑白相间，淡黄色的秋葵似在摇曳，均以错针铺绣。叶子用从中间向叶尖运针，在于其中勾出叶脉。色调柔和，将绘画笔意表现得淋漓尽致。

《伦叙图》以凤凰、鸳鸯、鹡鸰、莺、鹤飞翔栖息于日、水、芙蓉、竹、梧桐间，暗喻五伦典故。主要用戳纱绣绣成，色线深浅晕染出层次丰富的色调，具有强烈的纹质感和装饰效果。

《老子骑牛像》为米色绫地彩绣，画面多用捻线短针交错绣成。

老子五官用填充绣法，凸出绣面，面容具凹凸感；胡须用白色丝线接针绣成；衣纹则用彩线勾勒，转折分明；牛鼻用打籽点针法；牛毛用细捻丝线表现出牛毛涡旋状，十分逼真；牛尾用双股粗线盘绣，更具质感。

《雄鹰图》为蓝色绫地彩线绣。全幅绣线劈丝极细，绣工精细，能得雄鹰之威猛神态。鹰爪皮肤的粗糙坚实表现，出神入化。鹰身羽毛绣工最精。

《黄筌画花鸟芙蓉、翠鸟图》以黄荃画册原尺寸大小绣制。翠鸟停立芦草，芙蓉盛开。绣法以长短针，依花叶不同翻转和色彩变化交替运针，达到十分逼真的效果。

《佛说图袈裟》以绢为地，画绣结合。江水芦苇为笔绘，达摩为丝线绣制。达摩外衣用黄线绣，内衣用蓝线绣。针法以齐针为主，针线细密。这种画绣结合的技法对后世的顾秀有很大影响。

《佛说图袈裟》是一件屏风式袈裟，在黄色绢和素色罗合成地上绣成。此片绣件以浅绿色绫为边，中绣月轮中玉兔和桂树。

四周装饰海水、云朵、缠枝番莲、花草等纹样。月轮主体为满绣，其他用平针绣的齐针、接针、盘切针，再加上锁绣中的辫子股和打籽绣，绣线简洁粗放，颇具朴拙之美。

拓展阅读

宋徽宗在位时将画家的地位提到在我国历史上最高的位置，成立翰林书画院，即当时的宫廷画院。以画作为科举升官的一种考试方法，每年以诗词作为题目曾刺激出许多新的创意佳话。

如题目为"山中藏古寺"，许多人画深山寺院飞檐，但得第一名的没有画任何房屋，只画了一个和尚在山溪挑水；另题为"踏花归去马蹄香"，得第一名的没有画任何花卉，只画了一人骑马，有蝴蝶飞绕马蹄间，凡此等等。

这些都极大地刺激了中国画意境的发展。

元代回族织金技术

元代回族织金技术，是我国乃至世界纺织史上的重要组成部分。其中的回族织金锦纳失失，是中亚、西亚波斯、阿拉伯等国家织金锦技术与我国织金锦技术高度融合的产物，它精美华贵，显示出典型的民族特色。

此外，元代织品还有其他可观的技术成果，如撒搭剌欺、苏夫等。它们也是元代的重要服饰，有的还达到了世界一流技术水平。

元代回族纺织技术，是中华民族纺织技术文化与中亚、西亚波斯、阿拉伯等民族纺织技术文化长期交流、融合、发展的产物。

从其制造技术的历史文化渊源来看，一方面它是我国古代纺织技术工匠，对我国纺织技术的继承和对阿拉伯、波斯纺织技术的吸收与发展的结果；另一方面是波斯、阿拉伯的工匠，对阿拉伯、波斯纺织技术的继承和对我国纺织技术的吸收与发展的结果。

元代回族纺织主要成就是织金锦纳失失和撒达刺欺、苏夫等。这些成就，在回族纺织历史上具有极为重要的地位，标志着回族纺织技术的形成，为后来明清时期的回族纺织技术中国化奠定了基础。

"纳失失"也称"纳石失"、"纳赤思"、"纳失思"，波斯文的音译，是产于中亚、波斯、阿拉伯地区的一种金丝织物，元代也叫"金搭子"，现代学者一般称为"织金锦"、"绣金锦缎"或"织金锦缎"等。

它主要是将金线或金箔和丝织在一起的新工艺产品。金箔织的叫"片金锦"，金线织的叫"捻金锦"，还有金粉染丝织的叫"软金锦"。

片金锦是将长条金箔加在丝线中，和彩色棉线作为纹纬显花，丝线作为地纬；捻金锦是以丝线为胎，外加金箔而成的金缕线作纹纬显花，棉线作为地纬，织造工艺十分精巧，花纹图案，线条流畅，绚丽夺目；软金锦是用丝线染以金粉而成的金线织成。

这几种金锦在织时，通常用金线、纹线、地纬等3组纬线组成，称地结类组织，也常有加特结经的情况，金线显花处有变化平纹、变化斜纹。

用长条或片金箔加织在丝线中而成的锦，金光灿烂，风采夺目，十分高贵。用捻金线和丝线交织而成的锦，色泽虽淡，但坚固耐用，深受蒙古王公、贵族的欢迎。

因此，蒙古王公、贵族们在参加蒙古盛行的"质孙宴"时，都要穿皇帝赐给的用"纳失失"做成的高贵衣服。

元代回族纳失失的最主要的技术，是把中亚、西亚的特结经技术发挥到了极致。因而织成的纳失失织金锦，既具有浓郁的中亚风格，又渗入了我国传统的图案题材。

如在内蒙古达茂旗

明水乡出土的异文织锦，是一件极为罕见的平纹纬二重组织织物。图案呈横条状，黄地紫色勾边，主花纹处有只有夹经，是第三纬没有织入的平纹纬二重组织织物。

这件织金锦的图案非常罕见，其主花带是有直线和曲线连成的以圆形为主的几何花纹，还是一种无法解释的阿拉伯文的变体，不能确定。

元代纳失失有两大类。一是由波斯、阿拉伯织造的具有波斯、阿拉伯文化特色的纳失失；二是由波斯、阿拉伯等西域织金工匠和我国织金工匠一起，在我国织造的中国式纳失失。

中国式纳失失将我国草原特色服饰文化与波斯、阿拉伯伊斯兰特色文化精髓融合的中国式纳失失，是元代最精美高贵的织金锦，体现了当时世界的最高水平，因而也成为元代皇帝给上层贵族、硕勋官员、侍卫乐工赐造服饰的特定质料。

元代以纳失失制作的服饰种类较多，主要有朝服、祭服和质孙服。其中质孙服是皇帝特赐的专用服，最有特色，用量也最大。

元代质孙宴，既是元代回族织金锦织造技术和纳失失服饰文化的体现，也是大元王朝宴飨之礼最高规格的体现，是元代皇亲国戚、硕勋功臣富贵象征的映射。凡是无皇帝赐赏纳失失服的人，是没有资格参加质孙宴的。

元代规定：天子质孙冬服有11等，第一为纳失失；质孙夏服有15等，第一为答纳都纳失失，第二为速不都纳失失；百官质孙冬服9等，第一为大红纳失失；质孙夏服14等，第一为素纳失失，第二为聚线宝里纳失失。

天子、官员在穿质孙服时，衣、帽、腰带是配套的，同时衣、帽、腰带上都装饰有珠翠宝石。

因此，天子穿冬服纳失失时，戴金锦暖帽，穿夏服答纳都纳失失时，戴宝顶金凤钹笠冠，穿速不都纳失失和其他纳失失时，则戴珠子卷云冠。这些穿戴，证明元代纳失失服饰确实具有高超的工艺水平。

元代欢庆各种节日的宴会，每年举行13次，因此每个怯薛在不同的节日，不同的时间，穿不同的纳失失服。这些美丽的服饰，把宴会装扮得灿烂庄严，富丽辉煌。

质孙宴上各方诸侯还要向皇帝进献贵重之礼。入贡的装饰富丽的白马10余万匹，身披甚美锦衣，背负金藻美匣，内装金银、玉器，精美甲胄的大象5000余头。身披锦衣的无数骆驼，负载日用之需，列行于大汗之前，构成世界最美的奇观。

由上可知，以元代回族织金锦纳失失制成的服饰十分精美、高贵，是皇帝御赐参加质孙宴的特定服装。因此，它集中体现了我国元代织金锦织造技术与制服技术，在我国织金锦服饰文化发展史上具有特殊的意义。

元代回族织金锦纳失失，除制成精美高贵的质孙宴服饰外，还制成与之配套的精美高贵帽子、腰带，有的还用来装饰车马和玉玺绶带外，同时还制有精美的锦帐。

比如成吉思汗行猎时，规模宏大，以纳失失装饰的织金锦帐，富丽堂皇，精美迷人，有上万个，其中供官员朝会的织金大帐能容万人。别儿哥、旭烈兀的金锦幕帐富丽无比，后无来者。脱脱、纳海金锦美丽幕帐无数，俨若富强国王的营垒。

这些精美华丽的金帐，与蓝天、白云、草原、牛羊、人群、马队，组成天地间的最美丽的图画，也是天、地、人最优美的交响曲，由此也衍生出了闻名于世的"金帐汗国"。

元代回族织金锦纳失失织造技术，首先是在我国唐、宋、金织金锦技术的基础上发展起来的，是我国织金锦发展史上最具独特风格的灿烂篇章，也是我国大元盛世政治、经济、文化的直接表现形式和中华悠久历史文明直接孕育的结晶之一。

其次，元代回族织金锦纳失失，也是波斯、阿拉伯织金锦技术与伊斯兰文化的直接产物，如果没有中亚、西亚信仰伊斯兰教的织金绮纹工参加，没有中亚、西亚浓郁的民族特色文化的传入，如果没有中亚、西亚大量的信仰伊斯兰教的人移入，就不会有元代回族织金锦"纳失失"的灿烂辉煌。

因此，才使元代回族织金锦纳失失，在中外织金锦技术与文化交流史上占有特殊的地位，产生了重大的历史影响。

元代回族除了织金锦纳失失，还有其他可观的纺织品及其制造技术成果。如撒搭剌欺、苏夫、毛里新、纳克、速夫等。

"撒搭剌欺"是中亚不花剌以北的撒搭剌地方出产的一种衣料。"不花剌"今译布哈拉，属乌兹别克斯坦。

根据《世界征服者史》记载，我们可以肯定，撒搭剌欺是一种具有明显地方特色的棉布料或不带织金的丝织品，其价值与其他的棉织品差不多，是仅次于织金锦纳失失的一种高级衣料。

成吉思汗时，中亚商人贩运织金料子、棉织品、撒搭剌欺及其他种种商品，前来贸易，成吉思汗给每件织金料子付一个当时的金巴里失，每两件棉织品和撒搭剌欺付一个银巴里失。巴里失是成吉思汗时代蒙古的货币单位，一巴里失大概折合二两银币。

在当时，忽毡的撒搭剌欺与波斯的纳失失有质的区别，但两种都是中亚丝棉织造技术的精品。忽毡的撒搭剌欺制造技术传入元代时，元代朝廷十分重视，改组人匠提举司为撒搭剌欺提举司，专门负责此项事宜。

成吉思汗攻占中亚、西亚的主要城市后，把大量织造纳失失、撒搭剌欺的工匠移入我国。

从此，波斯纳失失的织金技术，不花剌撒搭剌欺的丝织技术不断传入我国，并与我国的丝织技术相结合，生产出更加高雅、名贵、富丽的纳失失、撒搭剌欺，以及长安竹、天下乐、雕团、宜男、宝界地、方胜、狮团、象眼、八答韵、铁梗襄、荷花等十样锦。

这些织物，印染之工，织造之精，刺绣之美都达到了极致。从而使元代纺织业的织金棉技术不仅远远超过了唐宋，而且远远超过了中亚、西亚等地，居世界一流水平。

速夫、毛里新、纳克、速夫等均是毛织品，其制造技术也来自中亚，其中速夫最有名。

"速夫"本是波斯的音译，也有人译为"苏非"，原指波斯人穿的一种羊毛织成的长毛呢。速夫传入我国后，也深受蒙古王公贵族的极度欢迎，也是王公贵族参加宴会时，穿的一种仅次于纳失失的重要服饰。

元代为了大量生产速夫，在河西等地设置织造毛段匠提举司，负责织造速夫等精毛产品。

拓展阅读

元代王公贵族的每次宴会，赴宴者的服装从皇帝到卫士、乐工，都是同样的颜色，但粗精、形制有严格的等级之别。

据说，在选举窝阔台长子贵由继汗位的宴会期间，所有的蒙古贵族，第一天，都穿白天鹅绒的衣服；第二天，穿红天鹅绒的衣服；第三天，穿蓝天鹅绒的衣服；第四天，穿最好织锦衣服。

在宴会上，除皇帝、宗室、贵戚、大臣等穿纳失失外，皇帝的卫士、乐工、仪仗队也穿不同等级和制式的纳失失服饰。

近世时期

　　明清两代是我国历史上的近世时期。这一时期，我国的印纺业有了长足发展，取得了令人瞩目的成绩。

　　明代织染工艺从技术到工具都达到了新的高度，清代丝织品云锦、棉纺品紫花布和毛纺品氆氇都驰名中外。

　　而被称为"中国四大名绣"的苏绣、湘绣、粤绣、蜀绣以其本身所具有的鲜明艺术特色，向世人显示出我国刺绣工艺独特的魅力，享誉海内外。

明代纺织印染工艺

明代的纺织业，无论是纺织工具还是纺织技术都达到新的高度，织物的品种较之元代更加丰富，涌现了许多色彩和图案独具特色的极具审美价值的产品。

明代的染织工艺，除了传统的丝、麻、毛等染原料仍被广泛应用外，棉花的生产和织造，在这时期已经取得了代替丝、麻的地位，成为人们服饰的主要染织品。

明代纺织品种极为丰富，包括丝、麻、毛、棉几种，其中尤其以丝织工艺最高。

明代丝织品中的锦缎，纹样一般单纯明快，气魄豪放，色彩饱满，讲究对比。江浙一带出产的明锦，以缎地起花，质地较厚，图案花头大，造型饱满茁壮，故名"大锦"；其色彩瑰丽多姿，对比强烈，尤多使用金线，辉煌灿烂犹如天空之云霞，故又称"云锦"。

江浙出产的明锦是明朝宫廷的专用织品，多用于制作帐幔、铺垫、服装和装裱等。其中，以织金缎和妆花缎最为名贵。

织金缎是从元代的"纳失失"发展而来的。它的图案设计花满地少，花纹全用金线织就，充分利用金线材料达到显金的效果。

妆花缎为明初新创，它将一般通梭织彩改成分段换色，以各色彩纬用"通经断纬"的方法在缎地上妆花。它是明代织造工艺中最为复杂的品种，特点是用色多，可以无限制地配色，一件织物可以织出10种乃至二三十种颜色。

而图案的主体花纹又往往是通过两个层次或3个层次的颜色来表现，色彩的变化十分丰富，非常精美富丽，艺术性也最高。

明代苏州产的锦缎是在唐代纬锦织造技术的基础上发展起来的，是一种纬三重起花的重纬织锦。它质地薄，花纹细，多仿宋锦图案和宋代建筑的彩绘图案，用色古雅，故称"宋式锦"。

主要图案是在几何纹骨架中添加各种团花或折枝小花，花头较小，故又称"小锦"。这种锦缎图案古朴规整，色彩柔和文雅，常用于装潢书画，故又有"匣饰"之称。

明代的在福州出现一种丝织品，名为"改机"。它将原先与苏州相同的两层锦改为4层经线、两层纬线的平纹提花织物。

这种织物不仅质薄柔软，色彩沉稳淡雅，而且两面花纹相同。它有妆花、织金、两色、闪色等各种品种，多用来做衣服与书画的装潢。

绒是指表面带有毛绒的一类丝织物。明代已有织绒、妆花绒、缂丝绒、漳绒等品类。

其中妆花绒又名"漳缎"，原产于福建省漳州，它以贡缎的织物作地，多为杏黄、蓝、紫色，而以妆花锦的图案起绒，绒花则多为黑色、蓝色。漳绒又名"天鹅绒"，明代大量生产，有暗花、五彩、金地等各种品种，常用来做炕毯和垫子。

明代缂丝技术有了进一步发展，不仅大量采用金线和孔雀羽毛，而且出现了双子母经缂丝法，可以随织者的意图安排画面的粗细疏密，也可以随题材内容的不同而变换织法，使织物更加层次分明，疏密有致，而富于装饰性。

缂丝的应用范围也更加广泛，除传统的画轴、书法、册页、卷首、佛像、裱首之外，袍服、幛幔、椅披、桌围、挂屏、坐垫、装裱书画等也无不采用，并出现了一些前所未见的巨幅制作。如《瑶池集庆》图高达2.6米，宽2.05米；《赵昌花卉》图卷也长达2.44米，宽0.44米。

明锦纹样丰富多彩。内容有4类：云龙凤鹤类、花鸟草介类、吉祥博古类、几何文字纹类。

云龙凤鹤类比重大、变化多。云纹有四合云、如意形组合，七巧云、鱼形云兼水波变化，还有树形云、花形云等。

龙纹由牛头猫耳、虾目、狮鼻、驴口、蛇身、鹰爪、鱼尾等构成，有云龙、行龙、团龙、坐龙、升龙、降龙等；凤纹有云凤、翔凤、丹凤朝阳、凤穿花枝等；鹤纹有云鹤、团鹤、松鹤延年等。

花鸟草介类受绘画影响。有"岁寒三友"松竹梅、梅兰竹菊"四君子"、"富贵万年"芙蓉、桂花万年青、"盛世三多"佛手、仙桃、石榴、"宜男多子"萱草、石榴、"喜上眉梢"喜鹊登梅、"青鸾献寿"鸾凤衔桃、"灵知增禄"鹿衔灵芝、"福从天来"蝙蝠祥云、"连年有余"莲花金鱼、"金玉满堂"金鱼海棠等。

吉祥博古类以多以器物喻义，有"平升三级"瓶插三戟。

"八宝"指的是宝珠、方胜、玉磬、犀角、金钱、菱镜、书本、艾叶等；

"八仙"指的是扇、剑、葫芦拐杖、道情筒拂尘、花篮、云板、笛、荷花等；

"八吉"是舍利壶、法轮、宝伞、莲花、金鱼法螺、天盘长等。

多与儒、道、释三教有关。

几何文字纹类发展传统，有万字格、锁子、回纹、龟背、盘绦、如意、樗蒲、八达晕等。

字有福、寿、禄、禧、万、吉、双喜，"五福捧寿"5幅寿字团花，"吉祥如意"篆书吉语等。

图案组织有：

"团花"，有团龙、图鹤、云纹、牡丹、灯笼、鱼纹、樗蒲等，图案规范化；

"折枝"有鸳鸯戏水、瑞鹊衔花、干枝梅、秋葵等。

取绘画形式：缠枝最为流行，连续波伏骨架间列花朵卷叶，早期花叶相称协调，晚期叶小花大显枝茎，承传统发展。几何形规则而程式化。

明代的麻织工艺，在我国的东海地区有很大的发展。麻布的品类也比较多，有麻布、苎布、葛布、蕉布等。生产最著名的地区有江苏省的太仓、镇江，福建省的惠安，广西壮族自治区的新会等地。

此外，在我国西南少数民族地区，还生产一种著名的"绒锦"。它是用麻做经，用丝做纬，织成无色绒。出产在贵州省等地。

明代毛织品较少，主要是地毯，多为白地蓝色花纹，而已黑色为边，毛散而短。明清时期以后，中原内地和边疆生产的毛毯，除供达官贵人们享用外，也开始向欧洲出口。

明代的棉织工艺，在元代发展的基础上，特别是黄道婆对棉织技术的传播后广泛发展的基础上，有着迅速的提高，生产几乎遍及全国。最著名的仍为江南一带，其中特别是江苏省产量很大，织地优美，成为全国棉织工艺的中心。

棉布的品种不断增加，仅江苏省一地所产的布就有龙墩、三棱、飞花、荣斑、紫花、眉织、番布、锦布、标布、扣布、稀布、云布、丝布、浆纱布、衲布等多种。

其中，龙墩布轻薄细软，经过改进的云布精美如花绒，三棱布薄而软，丁娘子布光如银，都是很受欢迎的精美织品。苏州产的有药斑、刮白、官机、缂丝、斜纹等品种。当地的织工，将不少丝织物的织造方法引入到了棉纺织中，使工艺更加精进。

明代染织品的用途，主

要分为3种：一是作为冠服；二是制帛；三是诰敕。明代设有颜料局，掌管颜料。由于配色、拼色工艺方法的进一步发展，颜料和染剂品种也较前有显著的增加。

据宋应星《天工开物·彰施》记载，当时已能染制大红、莲红、桃红、银红、水红、木红、紫色、赭黄、金黄、茶褐、大红官绿、豆绿、油绿、天青、葡萄青、毛青、翠蓝、天蓝、玄色、月白、草白、象牙、藕荷等四五十种颜色，色彩经久不变，鲜艳如新。不仅普遍流行单色浇花布，还能制作各色浆印花布。

当时用猪胰等进行脱胶练帛和精炼棉布的方法，使得织物外观的色泽更加柔和明亮。这是在印染工艺中首次运用的生物化学技术。

此外，边陲地区的少数民族在纺织和印染技术方面也有相当的发展。如西北少数民族的地毯、壁毯、回回锦、和田绸，西南少数民族的苗锦、侗锦、壮锦、土锦，苗族、布依族、土家族的蜡染等，均具有浓郁的地方风味和鲜明的民族审美特点，拥有强大的生命力。

拓展阅读

《金瓶梅》以宋代徽宗当政时期为故事背景，实际上写的是明代嘉靖年间发生在古大运河山东境内一带的社会世情故事。书中最引人注意而饶有兴趣的，是所写到的各种各样的丝、棉、绒织品，真令人眼花缭乱，难以计数。

例如，纺织品有鹦哥绿纻丝衬袄，玄色纻丝道衣，白鹇纻丝，青织金陵绫纻等；棉布有毛青布大袖衫，好三梭布，大布，白布裙，玄色焦布织金边五彩蟒衣等。此外还有很多，可见当年国内纺织业之兴盛繁荣。

清代丝织云锦工艺

　　在古代丝织物中，"锦"是代表最高技术水平的织物。而江宁织造局纺织的云锦集历代织锦工艺艺术之大成，与四川省成都的蜀锦、江苏省苏州的宋锦、广西壮族自治区的壮锦并称"中国四大名锦"。

　　江苏省南京云锦具有丰富的文化和科技内涵，被专家称作是我国古代织锦工艺史上最后一座里程碑，公认为"东方瑰宝"、"中华一绝"。也是汉民族和全世界最珍贵的历史文化遗产之一。

　　清代，江南成为最为重要的丝织业中心。清朝朝廷在江南设立3个织造局，史称"江南三纺造"，负责皇帝所用、官员所用、赏赐以及祭祀礼仪等所需的丝绸。其中以"江宁织造局"所织云锦成就最高。

　　因为清代的"江宁"就是现在的南京，故被后人称为"南京云锦"。南京云锦工艺独特，用老式的提花木机织造，必须由提花工和织造工两人配合完成，两个人一天只能生产五六厘米，这种工艺至今仍无法用机器替代。

　　其主要特点是逐花异色，通经断纬，挖花盘织，从云锦的不同角度观察，绣品上花卉的色彩是不同的。由于被用于皇家服饰，所以云锦在织造中往往用料考究、不惜工本、精益求精。

　　南京云锦是用金线、银线、铜线及长丝、绢丝，各种鸟兽羽毛等用来织造的，比如皇家云锦绣品上的绿色是用孔雀羽毛织就的，每个云锦的纹样都有其特定的含义。

如果要织一幅0.78米宽的锦缎，在它的织面上就有1.4万根丝线，所有花朵图案的组成就要在这1.4万根线上穿梭，从确立丝线的经纬线到最后织造完成，整个过程如同给计算机编程一样复杂而艰苦。

南京云锦，技艺精绝，文化艺术含义博大精深。皇帝御用龙袍上的正座团龙、行龙、降龙形态，代表"天子"、"帝王"神化权力的象征性。

与此相配的"日、月、星辰、山、龙、华虫、宗彝、藻、火、粉米、黼、黻"的章纹，均有"普天之下，莫非皇土，统领四方，至高无上"的皇权的象征性。

祥禽、瑞兽、如意云霞的仿真写实和写意相结合的纹饰，以及纹样的象形、谐音、喻义、假借等文化艺术造型的吉祥寓意纹样、组合图案等也无一例外。这些纹样图案，表达了我国吉祥文化的核心主题的设计思想，这就是"权、福、禄、寿、喜、财"要素，表达了人们祈求幸福与热情向往。

南京云锦图案的配色，主调鲜明强烈，具有一种庄重、典雅、明快、轩昂的气势，这种配色手法与我国宫殿建筑的彩绘装饰艺术是一脉相承的。就"妆花缎"织物的地色而言，浅色是很少应用的。除黄色是特用的底色外，多是用大红、深蓝、宝蓝、墨绿等深色作为底色。而主体花纹的配色，也多用红、蓝、绿、紫、古铜、鼻烟、藏驼等深色装饰。

由于运用了"色晕"和色彩调和的处理手法，使得深色地上的重彩花，获得了良好的艺术效果，形成了整体配色的庄重、典丽的主调，非常协调于宫廷里辉煌豪华和庄严肃穆的气氛，并对封建帝王的黄色御服起着对比衬托的效果。

云锦图案的配色，多是根据纹样的特定需要，运用浪漫主义的手法进行处理的。如天上的云，就有白云、灰云、乌云等。

在云锦纹样设计上，艺人们把云纹设计为四合云、如意云、七巧云、行云、勾云等造型，是根据不同云势的特征，运用形式美的法则，把它理想化、典型化了。这是艺术创造上典型化、理想化所取得的动人效果。

云锦妆花云纹的配色，大多用红、蓝、绿3种色彩来装饰，并以浅红、浅蓝、浅绿三色作为外晕，或通以白色作为外晕，以丰富色彩层次的变化，增加其色彩节奏的美感。

云锦妆花织物上云纹的这种配色，也就是这个道理。它不仅丰富了整个纹样色彩的变化，而且加以金线绞边，这就更符合人们对祥云、瑞气和神仙境界的想象与描绘。

五彩祥云和金龙组合在一起，表现出"龙"翱翔于九天之上，就更符合于封建帝王的心理，为他们所喜爱。

在云锦图案的配色中，还大量地使用了金、银这两种光泽色。金、银两种色，可以与任何色彩相调和。"妆花"织物中的全部花纹是用片金绞边，部分花纹还用金线、银线装饰。

金银在设色对比强烈的云锦图案中，不仅起着调和和统一全局色彩的作用，同时还使整个织物增添了辉煌的富丽感，让人感到更加绚丽悦目。这种金彩交辉、富丽辉煌的色彩装饰效果，是云锦特有的艺术特色。

云锦使用的色彩，名目非常丰富。如把明清两代江宁官办织局使用的色彩名目，从有关的档案材料中去发掘，再结合传世的实物材料去对照鉴别，定可整理出一份名目极为丰富并具有民族传统特色的云锦配色色谱来。包括赤橙色系、黄绿色系和青紫色系。

属于赤色和橙色系统的有：大红、正红、朱红、银红、水红、粉红、美人脸、南红、桃红、柿红、妃红、印红、蜜红、豆灰、珊瑚、红酱等。

属于黄色和绿色系统的有：正黄、明黄、槐黄、金黄、葵黄、杏黄、鹅黄、沉香、香色、古铜、栗壳、鼻烟、藏驼、广绿、油绿、芽绿、松绿、果绿、墨绿、秋香等。

属于青色和紫色系统的有：海蓝、宝蓝、品蓝、翠蓝、孔雀蓝、藏青、蟹青、石青、古月、正月、皎月、湖色、铁灰、瓦灰、银灰、鸽灰、葡灰、藕荷、青莲、紫酱、芦酱、枣酱、京酱、墨酱等。

云锦图案常用的图案格式有：团花、散花、满花、缠枝、串枝、折枝几种。

团花，就是圆形的团纹，民间机坊的术语叫它为"光"。如四则花纹单位的团花图案，就叫"四则光"；二则单位的，叫"二则光"。团花图案，一般是用于衣料的设计上。设计团花纹样，是按织料的门幅宽度和团花则数的多少进行布局。则数少，团纹就大；则数多，团纹就小。比如一则团花是直径40厘米至46厘米，而八则团花则是直径4.6厘米至6.6厘米，相比之下显然差很多。

团花纹样，有带边的和不带边的两种。带边的团花，要求中心花纹与边纹有适度的间距，并有粗细的区别，使中心主花突出，达到主宾分明、疏密有致的效果。

散花主要用于库缎设计上。散花的排列方法有：丁字形连锁法、推磨式连续法、么二三连续法，也称么二三皮球、二二连续法、三三连续法等。也有以丁字形排列与推磨法结合运用的。

以上各种布列方法，并没有刻板的定式，都是设计时根据实际需要灵活地变化运用。

满花多用于镶边用的小花纹的库锦设计上。满花花纹的布列方法有：散点法和连缀法两种。散点法的排列，比散花的排列要紧密。用连缀法构成的满花，多用于二色金库锦和彩花库锦上，设计时必须掌握托地显花的效果。

缠枝是云锦图案中应用较多的格式。缠枝花图案在唐代非常流行，最早多用于佛帔幢幡、袈裟金襕上。后来一直被承袭应用，成为我国锦缎图案常用的表现形式。

云锦图案中常用的缠枝花式有：缠枝牡丹和缠枝莲。婉转流畅的缠枝，盘绕着敦厚饱满的主题花朵，缠枝有如月晕，也好似光环。

再加以灵巧的枝藤、叶芽和秀美的花苞穿插其间，形成一种韵律、节奏非常优美的图案效果。整件织品看起来，花清地白、锦空匀齐，具有浓郁的装饰风格。

串枝是云锦花卉图案中常用的一种格式。串枝图案的效果乍看起来与缠枝图案似无多大区别；但仔细分辨，两者还是有不同的地方。

串枝，它是用主要枝梗把主题花的花头串联起来，在单位纹样中，看不出这种明显的效果，当单位纹样循环连续后，枝梗贯串相连的气势便明显地显示出来。

折枝，是一种花纹较为写实的图案格式。"折枝"，顾名思义就是折断的一枝花，上面有花头、花苞和叶子。在折枝纹样的安排处理上，要求布局匀称，穿插自如，折枝花与折枝花之间的枝梗无须相连，应保持彼此间的间断与空地。

单位纹样循环连续后，富有一种疏密有致、均匀和谐的美感。这种构图方法，多用于彻幅纹样或二则大花纹单位的妆花缎设计上，整幅的织成效果非常富有气派。

总之，南京云锦历史悠久，纹样精美，配色典雅、织造细致，是纺织品中的集大成者。它不但具有珍稀、昂贵的历史文物价值，而且是典藏吉祥如意、雅俗共赏的民族文化象征。

拓展阅读

相传，古南京城内有一位替财主干活的老艺人，有一次为财主赶织一块"松龄鹤寿"的云锦挂屏。可他一夜才织出5寸半，眼看要交货的时间到了，老人急得晕倒在织机旁。

就在这时，天空闪出万道金光，接着浮云翩翩，两个姑娘奉云锦娘娘之命，来到张永家。

她们把张永扶上床，自己就坐到机坑里面熟练地织起云锦来。霎时间，织机声响连连，花纹现锦上。花纹好像仙境一样，青松苍郁、泉水清澈，两只栩栩如生的仙鹤丹顶血红，非常耀眼！

清代棉纺毛纺工艺

　　清代棉纺织手工业有所发展，生产工具也有不少改进。棉纺品中有很多突出的成就，其中的"南京紫花布"在世界上享有盛誉，曾经大量出口海外。

　　清代毛纺织业也很发达，尤其是对西藏的开发，使西藏毛纺工艺提升到了先进水平。西藏盛产羊毛和绒，毛织工艺发达。毛织原料以羊毛为主，江孜的氆氇在清代就驰名中外。

清代棉纺织品中，江苏松江布全国知名，所产精线绫、三梭布、漆纱方巾、剪绒毯，皆为天下第一。无锡之布轻细不如松江，但在结实耐用方面则超过之。河北棉纺织品也有名气，甚至可以与松江布匹敌。

随着手工棉纺技术的发展，清代后期"松江大布"，"南京紫花布"等名噪一时，成为棉布中的精品，而后者尤其著名。

紫花布是南京的特产，用紫木棉织成。紫木棉是一种天然彩色棉花，花为紫色，纤维细长而柔软，由农民织成的家机布，未经加工多微带黄色，特别经久耐用，其纺织品被称作"紫花布"。

这种天然有色的紫花布颜色质朴，在历史上深受手工纺织者欢迎和大众的喜欢。

南京紫花布是我国本土的手工织机布。

根据《南京商贸史话》等资料的记载，早在宋元时期，棉花的种植传入长江下游地区。南京孝陵卫以及江浦乌江一带开始大规模种植棉花，手工纺纱织布成为农家副业。

至清代嘉庆年间，南京的棉纺织业开始兴起，中华门内以及孝陵卫一带的织户纷纷开机织布。织工织出的棉布匀称、结实、耐用，受到用户喜爱。

据记载，当时的南京布为公司布和窄布两种，之所以以南京命名，是因为这两种布的主要产地就是南京。

两种布相比较，公司布质地较佳，多行销外地甚至外国。窄布则多为南京本地农户使用。后来，当苏南等地的土布兴起后，也打起了"南京布"的旗号。

从资料里可以看出，1840年第一次鸦片战争之前，世界范围内，英国的纺织工业相当落后，美国的纺织工业甚至还没有建立起来。

南京布在质地、花色等各个方面都超过了欧洲生产的布匹，而且价格低廉，因此，南京布被大量出口，成为欧美贵族追逐的时尚物品，而我们南京也成为中国输出棉纺织品的最主要生产基地。

《南京商贸史话》记载着这样的数据：1820年之前，英国东印度公司每年运到英国的南京布多达20万匹以上。英国客商在1817年至1827年间，每年运出的南京布保持在40万匹至60万匹左右。

美国更是消费南京布的大买家，有资料显示，1809年一年，美国就从中国运回南京布370万匹；1819年一年又运走313万匹。美国人购回大量的南京布，一部分在美国国内销售，一部分转运到南美洲、澳洲销售。

据英国1883年出版的《中国博览》记载：

> 中国造的南京土布，在颜色和质地方面，仍然保持其超越英国布匹的优越地位。

其实，南京布的色彩并不花哨，除了不漂不染的"本白"，还有老蓝、土黄等单色，既不紫，更无花，但奇怪的是，西洋人就是喜欢南京布，还称之为"紫花布"。当时还有人称南京布为"格子布"。

欧洲人相当看重南京布厚实耐用的优点，当年南京布中有一个被称作"萝卜皮"的品种，其厚度甚至超过如今的帆布，但是手感却十分绵软，尤其是下过几次水之后，柔软温暖得如同绒布，而牢固程度远远超过"洋布"。

《中国博览》有这样的记载：在英国"人人以穿着'南京布'为荣，似乎没有这种中国棉布裁制的服装，就不配称为绅士，难以登大雅之堂。"

南京布成为欧洲尤其是英国的贵族、绅士追逐的时尚。狄更斯、福楼拜、大仲马这些世界级大文豪也很熟悉南京布，在他们的作品中，常常出现的词语

"nankeenbosom"，指的就是"南京布"。

在狄更斯的名著《匹克威克外传》中，"南京布"出现的频率很多，翻译者如此注释："18世纪至19世纪，南京布在英法等西欧国家上流社会特风行，是贵妇们追逐的时尚面料"。

而在《大卫·科波菲尔》、《基度山伯爵》、《包法利夫人》等名著中，也有南京布的身影。

福楼拜的《包法利夫人》写道，包法利夫人穿着紫花布长袍，也就是用"南京布"做的长袍，让年轻男子见了为之痴狂。而大仲马的《基度山伯爵》中，基度山伯爵穿着高领蓝色上装，紫花布裤子，用的也是"南京布"。

清代的纺织工具也随着纺织业的发展而发展。棉纺织有扎花、纺纱、织布3个主要工序。扎花即除去棉籽，黄道婆做成搅车，将棉籽挤出。清代改称"扎车"。

清代扎车用三脚架，高3尺，有径3寸和1.5寸滚轴一对，水平放置：大轴木制，用手摇，外旋。小轴铁制，用脚踏，内旋。

利用两轴摩擦力，转速和旋向不同，将棉与籽分开，籽落于内，棉出于外。这种扎车一人操作"日可扎百十斤，得净花三之一"，尤以太仓式扎车出名，一人可当4人。

轧去棉籽的棉花，古代称为"净棉"，现代称为"皮棉"或"原棉"。净棉在用于手工纺纱或做絮棉之前，需经过弹松，称为"弹棉"。清代，弹棉者把小竹竿系于背上，使弹弓跟随弹花者移动，操作较方便。

松江地区在乾隆年间所用弹花弓，长5尺余，弦粗如5股线，以槌击弦，将棉花弹松，散若雪，轻如烟，比之明代所用4尺多的竹弓蜡丝弦，弹力更大，从而提高了弹棉效率。

明清时期，农家小户还多是手摇单锭小纺车，棉纺发达地区单人纺车仍以"三锭为常"，只有技艺高超者可为4锭，而当时欧洲纺纱工人最多只能纺两根纱。

清代末期，在拈麻用"大纺车"的基础上，创制出多锭纺纱车。3人同操一台40锭双面纺纱车，日产纱10余千克，成为我国手工机器纺纱技术的最高峰。

多锭纺纱车的纺纱方法是模拟手工纺纱，先将一引纱头端粘贴棉卷边，引纱尾部通过加拈钩而绕于纱盘上，绳轮带动杯装棉卷旋转，引纱则向上拉，依靠引纱本身的张力和拈度，引纱头端在摩擦力作用下，把棉卷纤维徐徐引出，并加上拈回而成纱。

清代毛纺也较发达，1878年，清朝廷在兰州建立了兰州机器织呢局，这是我国最早的一家机器毛纺织厂。清代毛纺工艺相对较为发达的地区是西藏。

清代的西藏，随着畜牧业和农业的发展，这里的手工业生产有了长足的进步。在清代西藏手工业中，最为发达、最为普及的手工业是毛纺织业，它掌握在西藏地方官府手中。

西藏地方官府从西藏北方的草原以赋税形式获得大量羊毛后，便将羊毛分配给西藏中部地区的居民，让这些居民无偿为官府纺织，以代替其应支的其他差役。

毛纺织品制成后，西藏地方官府将这些产品加以出售，从而获得巨额利润。就是这样，西藏官府掌握了毛纺织业这一西藏最重要的手工业。

当时，西藏牧民在他们放牧的空闲时间里，纺织了大量的毛料。

据有关史料记载，西藏东部居民纺织的毛料在当时要普遍比西藏西部居民纺织的毛料胜过一等，且颜色丰富，多有绿、红、蓝和黄色条纹或饰有小的"十"字纹。

清代西藏质量最好的毛纺织品是产于江孜的氆氇。氆氇是加工藏装、藏靴、金花帽的主要材料。传统品种有加翠氆氇、毛花氆氇、棉纱氆氇等。

氆氇为藏族人民以手工制作，细密平整，质软光滑，作为衣料或装饰的优质毛纺织品，是以羊毛为原料，经纺纱、染色、织造、整理等工序制成。

清代织氆氇用的是木梭织机，

织好以后是白色的，宽24厘米左右，可以做男式服装。但一般都要染成黑色，也有染成红、绿等色彩。因氆氇是羊毛织品，结实耐用，保暖性好，所以深受广大群众喜爱。

毛线用茜草、大黄、荞麦和核桃皮等做染料，可染成赭红、黄、绿等颜色。

由于清代西藏的毛纺织品生产极为普遍，所以不仅能够满足西藏地区本身的大量需求，而且能在一定程度上向外出口。在清代，西藏的毛纺织品远销不丹、印度、尼泊尔等国，享有盛誉。

拓展阅读

清代，西藏毛纺技术和工艺享誉海内外，毛纺织物受到世界许多国家的人们的欢迎。当时有一个英国发明家叫塞缪尔·特纳，他在《出使西藏札什伦布寺记》一书中，记载了他亲身经历的这样一件事：

在塞缪尔·特纳进入我国西藏的途中，他的一个不丹向导穿有一件西藏毛料做的衣服。该向导对此沾沾自喜，并告诉特纳说："西藏的毛料能够穿的时间，是不丹毛料的3倍！"

在塞缪尔·特纳所记载的这件事，充分反映了清代我国西藏毛纺织品质量的优异。